# Verwaltungsstreitverfahren

Sonderdruck aus „Ziegler, Verwaltungsgesetze“

8. August 1878

Sonderdruck aus „Ziegler, Verwaltungsgesetze“

# 92. Verwaltungsstreitverfahren.

## a) Verwaltungsgerichts-Gesetz.

## Gesetz vom 8. August 1878, betreffend die Errichtung eines Verwaltungsgerichtshofes und das Verfahren in Verwaltungsrechtssachen.

(GVBl. S. 369.)[1])

**Ludwig II.**, vom Gottes Gnaden König usw. (bezüglich der Art. 2 Abs. 1, Art. 7 Abs. 2, Art. 8 Ziff. 10, Art. 10 Ziff. 11, Art. 45 Abs. 4, Art. 47 und Art. 53 unter Beobachtung des Tit. X § 7 der Verfassungsurkunde).

### I. Von dem Verwaltungsgerichtshofe.

**Art. 1.** [I] Für das Königreich wird ein Verwaltungsgerichtshof errichtet.

[II] Derselbe wird gebildet aus einem Präsidenten, einem Direktor[1a]) und der erforderlichen Zahl von Räten.

[III] Sind in einzelnen Fällen so viele Mitglieder des Verwaltungsgerichtshofes verhindert, daß die zur Beschlußfassung erforderliche Zahl nicht mehr vorhanden ist, so können zur Ergänzung Mitglieder des obersten Landesgerichts beigezogen werden. Die Abordnung erfolgt auf Anregung des Präsidenten des Verwaltungsgerichtshofes durch den Präsidenten des obersten Landesgerichts.

[IV] Dem Gerichtshofe wird das entsprechende Personal von Unterbeamten und Bediensteten beigegeben.

**Art. 2.** [I] Die Mitglieder des Verwaltungsgerichtshofes genießen die den Richtern zustehenden Rechte und haben gleichzeitig Rang und Gehalt mit den Mitgliedern des obersten Landesgerichts.

---

[1]) In der Fassung der Gesetze: AG. z. BGB. v. 9. Juni 1899 (GVBl. Beilage zu Nr. 28 S. 1), Art. 1 des Ges. z. Vollzug des Vereinsgesetzes v. 6. Juli 1908 (GVBl. S. 351), Art. 89 Ziff. I, Art. 94 u. 103 Abs. I des ArmGes. v. 21. August 1914 (GVBl. S. 551), Art. 5 Ziff. 4 des Einführungsgesetzes zu den Gesetzen über die direkten Steuern v. 14. August 1910 (GVBl. S. 578), Gesetz, die Aufhebung der Hilfskassen betr., v. 20. Dez. 1911 (GVBl. S. 985), Art. 96 der Kirchengemeindeordnung für Bayern v. 24. Sept. 1912 (GVBl. S. 911), Art. 23 und 39 des Gesetzes, die Flurbereinigung betr., vom 29. Mai 1886 / 30. Juli 1899 (GVBl. S. 469 / S. 507) Art. 177, 178, 189, 209 u. 211 des Wasserges. v. 23. März 1907 (GVBl. S. 157), Art. 19—21, 30, 32 Abs. I u. II Ziff. 3 des Ges., die Abmarkung der Grundstücke betr., v. 30. Juni 1900 (GVBl. S. 553), Art. 20 des Warenhaussteuergesetzes v. 14. August 1910 (GVBl. S. 597), Art. 16 des Hundeabgabenges. v. 23. Aug. 1922 (GVBl. S. 616), Art. 30 des Selbstverwaltungsgesetzes v. 22. Mai 1919 (GVBl. S. 239), Art. 60, 61 AG. zur RVO. v. 2. Nov. 1912 (GVBl. S. 1135), Art. 249 des Berggesetzes v. 13. August 1910 (GVBl. S. 815) mit Art. 48 des AG. zur RVO., Art. 29 des Gesetzes, die Entscheidung der Kompetenzkonflikte zwischen den Gerichten und den Verwaltungsbehörden oder dem Verwaltungsgerichtshofe vom 18. August 1878 (GVBl. S. 991), Volksschullehrergesetz v. 14. August 1919 (GVBl. S. 437), Schulbedarfgesetz v. 14. August 1919 (GVBl. S. 489), Ges. v. 15. Juli 1921 (GVBl. S. 939), Art. 40, 43 VG. zum FAG. v. 30. April 1924 (GVBl. S. 156), Gesetz über Änderung des Ges. v. 8. August 1878, die Errichtung eines VGH. betr., v. 7. März 1924 (GVBl. S. 65) und Gesetz zur Bekämpfung von Zigeunern, Landfahrern und Arbeitsscheuen v. 16. Juli 1926 (GVBl. S. 359).

[1a]) Nun Senatspräsidenten; VO. v. 10. Dezember 1908 (GVBl. S. 1051).

II Während der Dauer ihres Richteramtes können sie im Verwaltungsdienste in keiner Weise verwendet werden.

**Art. 3.** I Die Ernennung zum Richter des Verwaltungsgerichtshofes ist bedingt durch den Nachweis der Fähigkeit zum Richteramte.

II Der Gerichtshof wird, so oft nach Konstituierung desselben eine Ratsstelle zu besetzen ist, mit seinem gutachtlichen Vorschlag gehört.

**Art. 4.** I Zur Vertretung der öffentlichen Interessen wird bei dem Verwaltungsgerichtshofe ein Staatsanwalt mit der erforderlichen Zahl von Nebenbeamten aufgestellt.

II Der Staatsanwalt kann von den beteiligten Staatsministerien Instruktionen erholen und erhalten, welche er zu befolgen verpflichtet ist.

**Art. 5.** I Die dienstliche Aufsicht über den Verwaltungsgerichtshof und dessen Mitglieder steht dem Staatsministerium des Innern in derselben Weise zu, wie dem Staatsministerium der Justiz die Aufsicht über das oberste Landesgericht und dessen Mitglieder.

II Die Staatsanwaltschaft am Verwaltungsgerichtshofe steht unter der dienstlichen Aufsicht des Staatsministeriums des Innern.

III Die Ernennung der Mitglieder des Verwaltungsgerichtshofes und der Staatsanwaltschaft an demselben erfolgt auf Vorschlag des Gesamtministeriums durch den König.

**Art. 6.** I Wird die Einteilung des Gerichtshofes in mehrere Senate erforderlich, so erfolgt dieselbe, einschließlich der Aufstellung der regelmäßigen Stellvertreter, je auf die Dauer eines Jahres durch Beschluß des Präsidenten unter Zuziehung des Direktors und des dem Dienstalter nach, bei gleichem Dienstalter des der Geburt nach ältesten Mitgliedes.

II Jedes Mitglied des Gerichtshofes kann mehreren Senaten angehören. Der Direktor kann dem Senate, dessen Vorstand der Präsident ist, als Mitglied zugeteilt werden.

III Im Falle der Verhinderung des regelmäßigen Vertreters eines Mitgliedes wird ein zeitweiliger Vertreter aus den Mitgliedern des Gerichtshofes durch den Präsidenten bestellt. Ist die genügende Anzahl von Mitgliedern nicht mehr vorhanden, so findet die Bestimmung in Art. 1 Abs. 3 Anwendung.

**Art. 7.**[2]) I Der Verwaltungsgerichtshof bildet die oberste Instanz in Verwaltungsrechtssachen.

II Der Verwaltungsgerichtshof ist berufen, in den Fällen, in denen die Vorschrift des Art. 60 Abs. 1 des Bayerischen Ausführungsgesetzes zum Bürgerlichen Gesetzbuch vom 9. Juni 1899 nicht Platz greift und ein Beamter des Staates, einer Gemeinde oder eines andern Kommunalverbandes selbst wegen des Schadens in Anspruch genommen werden soll, den er durch eine in Ausübung oder in Veranlassung der Ausübung der ihm anvertrauten öffentlichen Gewalt vorgenommene Handlung einem Dritten zugefügt hat, die Vorentscheidung darüber zu treffen, ob der Beamte sich einer Überschreitung seiner Amtsbefugnisse oder der Unterlassung einer ihm obliegenden Amtshandlung schuldig gemacht hat. Soweit der Staat oder der Verband, in dessen Dienste der Beamte steht, einen Schaden zu ersetzen hat, für den der Beamte selbst nicht verantwortlich ist, hat der Verwaltungsgerichtshof die Vorentscheidung darüber zu treffen, ob der Beamte seine Amtsbefugnisse überschritten oder eine ihm obliegende Amtshandlung unterlassen hat. Bei Handlungen eines Beamten der streitigen oder der freiwilligen Gerichtsbarkeit ist die Vorentscheidung nicht zulässig.

III Die Vorentscheidung bindet das Gericht.

IV Auf das Verfahren finden die für Verwaltungsrechtssachen geltenden Vorschriften Anwendung.

**Art. 8.** I Verwaltungsrechtssachen im Sinne dieses Gesetzes sind alle bestrittenen Rechtsansprüche und Verbindlichkeiten in nachbenannten Angelegenheiten:

---

[2]) In der Fassung des Gesetzes über Änderung des Gesetzes vom 18. August 1878, die Errichtung eines VGH. etc. betr., v. 7. März 1924 (GVBl. S. 65).

1) Erwerbung und Besitz der Reichs- und Staatsangehörigeit; Entlassung aus dem Staatsverbande.
2) Besitz des Staatsbürgerrechts; Berechtigung und Verpflichtung zur Ableistung des Verfassungseides.
3) Freizügigkeit und Aufenthalt.
4) [Religiöse Kindererziehung.][2a])
5) [Verweigerung des nach Art. 33 und 38 des Gesetzes über Heimat, Verehelichung und Aufenthalt vom 16. April 1868 auszustellenden Verehelichungszeugnisses oder Erteilung desselben gegen einen auf Grund des Art. 36 erhobenen Einspruch.][3])
6) Auflösung von Vereinen und Versammlungen auf Grund des §§ 2 und 15 des Vereinsgesetzes vom 19. April 1908.[4])
7) —.[5])
8) Befugnis zum Gewerbebetriebe auf Grund der Gewerbeordnung in jenen Fällen, in welchen das in §§ 20 und 21 der Gewerbeordnung vorgesehene Verfahren nach den jeweils geltenden Bestimmungen einzutreten hat.
9) [Versagung der Zulassung einer eingeschriebenen Hilfskasse, sowie Schließung einer solchen nach § 4 Abs. 2 beziehungsweise § 29 des Gesetzes über die eingeschriebenen Hilfskassen vom 7. April 1876.][6])
10) Zwangsabtretung von Grundeigentum oder Belastung desselben mit Dienstbarkeiten, einschließlich der Frage, ob das betreffende Unternehmen vom gemeinen Nutzen erfordert werde und ob die Abtretung oder Belastung des angesprochenen Eigentums zur zweckmäßigen Verwirklichung des Unternehmens notwendig sei, jedoch mit Ausnahme der nach Maßgabe des Berggesetzes vom 20. März 1869[6a]) stattfindenden Abtretungen oder Belastungen und vorbehaltlich der Bestimmung in Art. 47.
11) [7]) Fixierung, Sicherung, Veränderung und Ablösung von Grundlasten, Forstberechtigungen, Ehehaftsreichnissen und der auf dem Zehentrechte lastenden kirchlichen Baupflicht, Fixierung, Umwandlung und Ablösung von Reichnissen an Geistliche, an weltliche Kirchendiener und zum Einkommen der Schulstellen sowie von Stolgebühren und verwandten Abgaben.
12) Ausübung und Ablösung von Weiderechten auf fremdem Grund und Boden.
13) —.[8])
14) —.[9])
15) —.[9])
16) —.[10])

---

[2a]) Aufgehoben durch §§ 7, 8 des Gesetzes vom 15. Juli 1921 (RGBl S. 939).

[3]) Mit dem Inkrafttreten des Unterstützungswohnsitzrechtes in Bayern gegenstandslos. Art. 89 Ziff. 1 und Art. 103 Abs. I ArmGes. vom 21. August 1914.

[4]) Fassung nach Art. 1 des Gesetzes vom 6. Juli 1908 (GVBl. S. 351).

[5]) Ziff. 7 vom 1. Januar 1912 an außer Wirksamkeit gesetzt durch Art. 5 des Ges. vom 14. August 1910 (GVBl. S. 578).

[6]) Vom 1. Juni 1912, aufgehoben durch Ges. v. 20. Dezember 1911 (RGBl. S. 985) und VO. vom 12. Mai 1912 (RGBl. S. 309).

[6a]) Nun Berggesetz vom 13. August 1910 / 10. Oktober 1919.

[7]) In der Fassung des Art. 96 Buchstabe a der Kirchengemeindeordnung vom 24. September 1912 (GVBl. S. 911) und des Art. 78 Abs. I Ziff. 1 SchBG. vom 14. August 1919 (GVBl. S. 489), s. Gesetz v. 27. März 1923 (GVBl. S. 89).

[8]) Ziff. 13 außer Wirksamkeit gesetzt durch Art. 48 (früher 51) des Flurbereinigungsgesetzes und vom 30. Juli 1899 (GVBl. S. 507).

[9]) Ziff. 14 und 15 außer Kraft gesetzt durch Art. 211 des Wassergesetzes.

[10]) Ziff. 16 aufgehoben durch Art. 32 Ziff. 3 des Abmarkungsgesetzes.

17) Ausübung der Jagd, soweit das Jagdrecht der Grundeigentümer oder der Vollzug der Art. 8 und 9 des Gesetzes vom 13. März 1850, die Ausübung der Jagd betreffend, in Frage steht.

18) Verweigerung oder Entziehung von Jagdkarten.

19) Das Recht zur Erhebung von Weg- und Pflaster-, Brücken- und Überfahrtsgeldern, soweit es sich nicht um das Verleihungsrecht der Staatsregierung handelt, sowie die Verbindlichkeit zur Entrichtung derartiger Gebühren.

20) —.[11])

21) [Berechtigung zur Teilnahme an einem Distriktsrate auf Grund des Art. 2 b des Distriktsratsgesetzes vom 28. Mai 1852.][11a])

22) ]Verpflichtungen einzelner Gemeinden aus besonderen Verbänden nach Art. 37 des Distriktsratsgesetzes vom 28. Mai 1852.][11b])

23) Ansprüche der Gemeinden an distriktive Anstalten, dann Ansprüche der Distrikte an die Gemeinden in Bezug auf den Bedarf oder Unterhalt solcher Anstalten.

24) Verbindlichkeit zur Teilnahme an Bezirksumlagen.

25) Zugehörigkeit von Grundstücken zu einem Gemeindeverband; Gemeindemarkungs- und Flurgrenzen.

26) Gemeindebürgerrecht [und Heimatrecht]; Stimmrecht in Gemeindeangelegenheiten.

27) [Bürgeraufnahme-,] Gemeinderechts- [und Heimat]gebühren.

28) Ansprüche auf allgemeine und besondere Nutzungen des Gemeindevermögens und die damit zusammenhängenden Verpflichtungen.

29) Verteilung von Gemeindegründen.

30) Verbindlichkeit zur Teilnahme an Gemeindelasten mit Einschluß der Umlagen und anderer Leistungen für die Armenpflege.

31)[12]) Verpflichtung zur Entrichtung von gemeindlichen Verbrauchssteuern, Zuwachssteuern, Grundwertabgaben, Filialsteuern, Warenhaussteuern und sonstigen örtlichen Abgaben mit Einschluß der Hundeabgaben, Benützung der Gemeindeanstalten und Verbindlichkeit zur Entrichtung von besonderen Vergütungen hiefür; Ansprüche auf Rückvergütung des Lokalmalz- oder Bieraufschlages und sonstiger örtlicher Verbrauchssteuern, Warenhaussteuern und Abgaben.

32) Leistungen auf Grund des Art. 55 der Gemeindeordnung für die Landesteile diesseits des Rheines vom 29. April 1869 und des Art. 40 der Gemeindeordnung für die Pfalz vom nämlichen Tage.

33)[13]) Wahlrecht und Wählbarkeit zu Gemeindeämtern, [sowie zum Amte eines Mitgliedes des Armenrats, eines Armenpflegers, eines Mitglieds des Bezirkspflegeausschusses,][13a]) eines Waisenrats und eines Feldgeschworenen; Gültigkeit solcher Wahlen; Verpflichtung zur Übernahme jener Ämter; Berechtigung und Verpflichtung zum Austritt.

34) Öffentliche Eigenschaften eines Weges mit Zugehörungen, einer Brücke oder eines Abzugskanales; Verbindlichkeiten in Bezug auf Herstellung und Unterhaltung der nicht in die Klasse der Staatsstraßen gehörigen öffentlichen Wege, Brücken, Fähren, Stege und Abzugskanäle, unbe-

---

[11]) Ziff. 20 infolge des Reichsges. vom 28. Februar 1888 (RGBl. S. 59) nicht mehr anwendbar.

[11a]) Gegenstandslos durch Wahlges. vom 15. April 1921 (GVBl. S. 170) und Gemeindewahlgesetz vom 6. November 1924 (GVBl. S. 211).

[11b]) An dessen Stelle nun Art. 26 EG. mit Art. 11 VGG.

[12]) In der Fassung des Art.20 des WHStG. vom 14. August 1910 (GVBl. S. 197), des Art. 16 des HAG. vom 20. August 1922 (GVBl. S. 616) und Art. 47 des LStG. vom 30. März 1920 und vom 20. Juni 1921 (GVBl. S. 361).

[13]) In d. Fassung d. Art. 94, 103 ArmGes. v. 21. Aug. 1914 (GVBl. S. 551).

[13a]) Gegenstandslos durch d. RFV. v. 13. Februar 1924 (RGBl. I S. 100).

schadet der gesetzlichen Befugnis der Verwaltungsbehörden, über die Anlage von Distriktsstraßen und Gemeindeverbindungswegen und über deren Unterhaltung aus Distrikts- und Gemeindemitteln zu beschließen.

35) Rechtsansprüche auf den Genuß oder Mitgenuß von Stiftungen; Rechte im Betreff der Stiftungsverwaltung und der Verleihung des Stiftungsgenusses.

36) Ansprüche und Reichnisse aus dem israelitischen Kultusverbande.

37)[14] Wahlrecht und Wählbarkeit bei Wahlen von Kirchenverwaltern und Kirchengemeindebevollmächtigten; Gültigkeit solcher Wahlen; Recht und Pflicht zum Eintritt als Kirchenverwalter oder Kirchengemeindebevollmächtigter, Recht und Pflicht zum Austritt.

38) Verbindlichkeit zur Teilnahme an den Gemeindelasten, Diensten, [Umlagen][14a]) und anderen Leistungen für Schulzwecke.

39)[15] Ansprüche hinsichtlich der Besetzung von weltlichen Kirchendiensten.

40) Immobiliarbrandversicherung in jenen Fällen, in welchen das im Art. 27 des Gesetzes vom 3. April 1875, die Brandversicherungsanstalt für Gebäude in den Landesteilen rechts des Rheins betreffend,[15a]) vorgezeichnete Einspruchsverfahren zulässig ist.

**Art. 9.**[15b]) I Soweit in den Fällen der Ziffer 1, 2, 4, 5, 7, 9, 13, 16, 17, 19, 20, 21, 24, 25, 27, 29, 30, 31, 32, 33, 36, 37, 38, 39 und 40 des Art. 8 nach den bestehenden Gesetzen oder Verordnungen die Distriktsverwaltungsbehörden zur Entscheidung in erster oder zweiter Instanz berufen sind, geht die Berufung gegen deren Entscheidungen unmittelbar an den Verwaltungsgerichtshof.

II In allen übrigen Fällen kann die Berufung an den Verwaltungsgerichtshof nur gegen Entscheidungen der Kreisregierungen, Kammern des Innern, ergriffen werden.

III Soweit die Reichsgesetze nicht entgegenstehen, ist die Berufung auch in denjenigen Fällen zulässig, in welchen eine Berufung an die dritte Instanz bisher gesetzlich ausgeschlossen war.

**Art. 9a.**[16]) I Über Verwaltungsrechtssachen im Sinne des Art. 8 Ziff. 28 ist im ersten Rechtszuge vom verwaltungsrechtlichen Senat der Regierung, Kammer des Innern, zu entscheiden.

II In folgenden Streitigkeiten ist die Berufung zum Verwaltungsgerichtshof nicht zulässig:

1. Armenpolizeiliche Einweisungen in eine Arbeitsanstalt und Entlassung hieraus sowie aus der Zwangsarbeit außerhalb der Anstalt (Armengesetz Art. 76 und 80 Abs. II).
2. Aufenthaltsbeschränkungen nach § 3 des Freizügigkeitsgesetzes, dem bayerischen Aufenthaltsgesetze und dem bayer. Zigeuner- und Arbeitsscheuengesetz.
3. Verweigerung oder Entziehung der Jagdkarte.
4. Verweigerung oder Entziehung der Fischerkarte.
5. Versagung der Erlaubnis zum Betriebe der Schank- und Gastwirtschaft, des Kleinhandels mit Branntwein und Spiritus, der in § 33a der Gewerbeordnung bezeichneten gewerblichen Veranstaltungen, zum Betriebe des Pfandleih- und Pfandvermittlergeschäftes und zum Handel mit Giften (Gewerbeordnung §§ 33, 33a, 34, 40 Abs. II und 49 und Verordnung vom 16. Juni 1895).
6. Versagung der Gewerbelegitimationskarte (Gewerbeordnung §§ 44a Abs. III und V).

---

[14]) In der Fassung des Art. 96 Buchst. b Kirchengemeindeordnung vom 24. September 1912 (GVBl. S. 911).

[14a]) Gegenstandslos durch Art. 40 VG. z. FAG. v. 30. April 1924 (GVBl. S. 156).

[15]) In der Fassung des Art. 78 Abs. 1 Ziff. 2 SchBG.

[15a]) Gilt nun auch in der Pfalz, Ges. vom 5. Mai 1890 (GVBl. S. 223).

[15b]) In der Fassung des Gesetzes vom 7. März 1924 (GVBl. S. 65).

[16]) Eingefügt durch Gesetz v. 7. März 1924 (GVBl. S. 65), Art. 2 Ziff. 2 in der Fassung des Gesetzes v. 16. Juli 1926 (GVBl. S. 359).

7. Versagung von Wandergewerbescheinen (Gewerbeordnung § 60), der Genehmigung des Druckschriftenverzeichnisses nach § 56 Abs. IV, der Erlaubnis zur Mitführung eines Begleiters nach § 62 Abs. II und der Hausiererlaubnis nach § 42b a. a. O.
8. Untersagung des Kleinhandels mit Bier (Gewerbeordnung §§ 35 Abs. VI, 40 Abs. II).
9. Zurücknahme der Ausdehnung eines Wandergewerbescheins (Gewerbeordnung §§ 60 Abs. III, 63 Abs. I mit 58).

III Hat der Regierungssenat hiernach im letzten Rechtszuge zu entscheiden, so hat er die Sache zur Entscheidung an seiner Stelle dem Verwaltungsgerichtshof unter Begründung seiner eigenen Ansicht vorzulegen,

a) wenn er von einer amtlich veröffentlichten grundsätzlichen Entscheidung des Verwaltungsgerichtshofes abweichen will, oder
b) es sich um eine noch nicht festgestellte Rechtsauffassung von grundsätzlicher Bedeutung handelt.

IV In den Fällen des Abs. 2 Ziff. 1 und 4 tritt der Senat der Regierung, Kammer des Innern, an die Stelle des Verwaltungsgerichtshofs.

**Art. 10.** I Der Verwaltungsgerichtshof ist abgesehen von Art. 8 zur Bescheidung von Beschwerden gegen Beschlüsse oder Verfügungen der Kreisregierungen, Kammern des Innern oder der Finanzämter (nun Landesfinanzämter) in den Fällen der Ziff. 5 und 6 der Bezirksverwaltungsbehörden, soweit diese zur Entscheidung berufen sind, in folgenden Angelegenheiten zuständig:

1)[18]) Verfügungen in Gegenständen der Staatsaufsicht über die Bezirke und Kreise, wenn der Bezirk oder Kreis behauptet, die Verfügung verletze sein gesetzliches Selbstverwaltungsrecht oder belaste ihn mit einer gesetzlich nicht begründeten Leistung.

2)[19]) Verfügungen in Gegenständen der Staatsaufsicht über die Gemeinden und Armenverbände, wenn die Gemeinde oder der Armenverband behauptet, die Verfügung verletze ihr gesetzliches Selbstverwaltungsrecht oder belaste sie mit einer gesetzlich nicht begründeten Leistung.

3)[20]) Verfügungen in Gegenständen der Staatsaufsicht über die Angelegenheiten der kirchlichen Stiftungen und Kirchengemeinden, wenn von dem zuständigen Verwaltungsorgane oder von der Kirchengemeinde behauptet wird, daß rechtlich nicht begründete Leistung auferlegt oder daß eine von der Aufsichtsbehörde als rechtlich unzulässig beanstandete Ausgabe rechtlich statthaft sei oder daß auf dem Gebiet der Kirchengemeindeordnung sonst das gesetzliche Selbstverwaltungsrecht verletzt sei.

3a) Umwandlung des Zweckes oder Aufhebung einer Stiftung nach den Vorschriften des § 87 des Bürgerlichen Gesetzbuchs, wenn von dem Vorstande der Stiftung oder von einem zum Genuß oder zum Mitgenusse der Stiftung Berechtigten bestritten wird, daß die Erfüllung des Stiftungszwecks unmöglich geworden sei oder das Gemeinwohl gefährde.[21])

4) Rechtsverhältnisse der nicht zu einem Gemeindeverband gehörigen Markungen, soweit nicht Verwaltungsrechtssachen in Frage stehen.

5)[19]) Pflicht zur öffentlichen Unterstützung Hilfsbedürftiger, wenn die streitenden Armenverbände dem bayerischen Staate angehören, Ersatzansprüche von Personen, die ohne Rechtspflicht und ohne Auftrag eines Armenverbandes Hilfe geleistet haben, Ersatzpflicht des Staates.

---

17) Art. 10 Abs. I in der Fassung des Art. 94, 103 des ArmGes. vom 21. August 1914 (GVBl. S. 551).

18) In der Fassung des Art. 30 SG.

19) In der Fassung des Art. 94, 103 ArmGes.

20) In der Fassung des Art. 96 Buchst. c der Kirchengemeindeordnung vom 24. September 1912.

21) Eingefügt durch Ausf.-Ges. z. BGB. vom 9. Juni 1899 Art. 165 (GVBl. 1899 Beil. zu Nr. 28 S. 60 ff.)

6)[19]) Ersatzpflicht der Empfänger öffentlicher Armenunterstützung und ihrer Erben.

7) [Verpflichtung zur Entrichtung von Krankenhausbeiträgen und die daraus entspringenden Rechte; Verbindlichkeit von Unternehmern und Arbeitgebern, für die Verpflegung ihrer erkrankten Arbeiter zu sorgen.][22])

8) Verteilung gemeinschaftlicher Privatwaldungen auf gesondertes Eigentum. (Art. 20 des Forstgesetzes vom 28. März 1852.)

9) —.[23])

10) Festsetzung der Grubenfeldabgabe. (Art. 7 des Grubenfeldabgabengesetzes vom 27. Juli 1918 (GVBl. S. 387).

11) Kirchliche Simultanverhältnisse.

12)[24]) Zugehörigkeit zu einem Pfarrverbande oder zu einem Kirchengemeindeverband; Pfarrsprengelgrenzen; Grenzen eines sonstigen Kirchengemeindebezirks, eines Haupt- oder Fernbezirks; Stimmrecht in Kirchengemeindeangelegenheiten.

13) Ansprüche und Verbindlichkeiten aus dem Kirchen- und Pfarrverband; Dienste, Umlagen, Abgaben und andere Leistungen für kirchliche Zwecke; Verbindlichkeit zur Entrichtung besonderer Vergütungen für die Benützung kirchlicher Anstalten und Einrichtungen.

14) Ansprüche auf Interkalargefälle erledigter kirchlicher Pfründen; Verteilung der Diensteserträgnisse und Lasten bei Erledigung von kirchlichen Pfründen unter die Beteiligten.

15) Haftungen der kirchlichen Pfründebesitzer aus der Verwaltung und Nutznießung des Pfründevermögens einschließlich der Haftungen aus der baulichen Unterhaltung der Pfründegebäude (Baufallschätzungen); Ansprüche der Genannten wegen Meliorationen.

16) Beschränkung der verfassungsmäßig gewährleisteten Hausandacht (§ 18 d. VU.).

17) Zugehörigkeit zu einem Schulverbande; Schulsprengelgrenzen.

18)[25]) Verbindlichkeiten zur Errichtung neuer Schulen und Lehrstellen auf Grund des Art. 8—10 des Schulbedarfgesetzes.

19)[26]) Verbindlichkeiten zu Leistungen für den persönlichen und sächlichen Schulbedarf, insbesondere für die Bau- und Unterhaltungskosten der Schulhäuser und der Gebäude, die zugleich Schul- und Mesnerhäuser sind, sowie für Einrichtung und Beheizung der Schulräume.

20) Verteilung und Aufbringung des Schulbedarfs in Schulsprengeln, die aus mehreren Gemeinden oder Bestandteilen von solchen bestehen.

[21) Einführung, Aufhebung, Erhöhung und Entrichtung des Schulgeldes in Volksschulen, Befreiung von demselben, ausgenommen den Fall des Art. 15 Abs. 3 des Schulbedarfgesetzes vom 28. Juli 1902.

22) Zugehörigkeit eines Bestandteiles des Lehrereinkommens zum Schuldienste, oder zum niederen Kirchendienste.

23) Umfang der den niederen Kirchendienern obliegenden Dienstesverrichtungen, Verpflichtung der Lehrer hinsichtlich besonderer, mit dem Schuldienste nicht wesentlich verbundener Nebenverrichtungen.

24) Verteilung der Dienstesbezüge und Lasten bei Erledigung von Schuldiensten unter die Beteiligten.

25) Recht und Pflicht des Beitrittes zu den unter Staatsaufsicht stehenden Kreisvereinen für Unterstützung des dienstunfähigen Lehrpersonals an den Volksschulen, sowie der Witwen und Waisen der Lehrer an diesen Schulen; Rechtsverhältnisse zwischen den genannten Vereinen und ihren

[22]) Gegenstandslos.

[23]) Ziff. 9 außer Wirksamkeit gesetzt durch Ges. vom 30. Juni 1900 Ziff. II (GVBl. 1900 S. 773); s. nun Art. 249 des Berggesetzes.

[24]) In der Fassung des Art. 96 Buchst. d KGemO.

[25]) In der Fassung des Art. 78 Abs. II SchBG.

[26]) In der Fassung des Art. 78 Abs. II SchBG.

Mitgliedern; Ansprüche an die Vereine.][27]

26) Inanspruchnahme der gänzlichen oder teilweisen Befreiung von der Grund- oder Häusersteuer.

27) —.[28]

28) —.[28]

29) —.[29]

30) —.[29]

31) —.[30]

**Art. 11.**[31] I Wenn Änderungen im Bestande von Gemeinden, Gesamtarmenverbänden, Distrikten, Kreisen oder Schulverbänden eintreten und sich die Beteiligten über die Teilung oder Auseinandersetzung des Gemeinde-, Verbands-, Distrikts-, Kreis- oder Schulvermögens, oder über die Rechte und Pflichten in Bezug auf bestehende Anstalten nicht gütlich zu einigen vermögen, so tritt in letzterer Beziehung schiedsrichterliche Entscheidung ein.

II Diese steht zu:

1) einer von dem [k.] Staatsministerium des Innern delegierten Kreisregierung, Kammer des Innern, in denjenigen Fällen, in denen eine Gemeinde, welche einer Kreisregierung unmittelbar untergeordnet ist, eine Distrikts- oder Kreisgemeinde beteiligt erscheint;

2) einem von der vorgesetzten Kreisregierung delegierten Bezirksamte in allen übrigen Fällen.

III Gegen die Entscheidung der Kreisregierung, beziehungsweise — in den Fällen der Ziff. 2 — des Bezirksamtes findet Berufung an den Verwaltungsgerichtshof statt, welcher in letzter Instanz entscheidet.

IV Wird in dem Schiedsspruch ein einer Gemeinde, einer Ortschaft, einer abgesonderten Markung oder einem Schulverband gehörendes Grundstück auf eine andere Gemeinde, Ortschaft oder abgesonderte Markung oder einem anderen Schulverband übertragen, so tritt die Eigentumsänderung mit der Rechtskraft des Schiedsspruchs ein. Im Schiedsspruch kann ein anderer Zeitpunkt bestimmt werden.

**Art. 12.** Was in Art. 8, 10 und 11 bezüglich der Gemeinden bestimmt ist, gilt auch von den zu einer Gemeinde vereinigten Ortschaften in ihren Verhältnissen unter sich, zur Gemeinde und zu den Ortsangehörigen.

**Art. 13.**[32] I Die Zuständigkeit des Verwaltungsgerichtshofes erstreckt sich nicht

1) auf Rechtssachen, die vor die bürgerlichen Gerichte, die Strafgerichte oder die Versicherungsbehörden gehören,

2) auf vorsorgliche Maßregeln, dann auf administrative Aussprüche, welche unter dem gesetzlichen Vorbehalte der Zuständigkeit der Gerichte erfolgen.

3) auf Angelegenheiten und Fragen, in welchen die Verwaltungsbehörden nach ihrem Ermessen zu verfügen berechtigt sind.

II Steht ein zur Zuständigkeit des Verwaltungsgerichtshofes nicht gehöriger Gegenstand mit einem bei dem Gerichtshofe anhängigen im Zusammenhang, so wird dadurch die Befugnis des Gerichtshofes, seine Zuständigkeit auf den ersteren Gegenstand auszudehnen, nicht begründet, auch wenn dieser in denselben Akten behandelt ist.

**Art. 14.** I Der Verwaltungsgerichtshof hat innerhalb seiner Zuständigkeit

---

[27]) Ziff. 21 bis 25 aufgehoben durch Art. 78 SchBG. mit Ges. v. 24. März 1920 Art. V (GVBl. S. 103).

[28]) Ziff. 27 und 28 vom 1. Januar 1912 an außer Wirksamkeit gesetzt durch Einführungsgesetz zu den Steuergesetzen Art. 5 vom 14. August 1910 (GVBl. S. 578).

[29]) Ziff. 29 und 30 sind nicht in Wirksamkeit getreten, s. Art. 317 Abs. III des Gebührengesetzes.

[30]) Ziff. 31 gegenstandslos durch Art. 19 des Hundeabgabengesetzes vom 14. August 1910.

[31]) In der Fassung des Art. 94, 103 des Armengesetzes und Art. 30 Abs. II SG.

[32]) In der Fassung des Art. 60 AG. z. RVO. (GVBl. 1912 S. 1135).

die Rechtmäßigkeit des Verfahrens zu prüfen und alle Umstände zu würdigen, welche auf die Feststellung der im Streit befangenen Rechte und Verbindlichkeiten Bezug haben.

II Er erkennt über die Zuständigkeit und verweist die Sache erforderlichen Falles an die zuständige Verwaltungsbehörde.

**Art. 15.** Beschlüsse in Angelegenheiten, welche nach Art. 8 zur Zuständigkeit des Verwaltungsgerichtshofes gehören, sowie Beschlüsse dieses Gerichtshofes in Gegenständen der Art. 10 und 11 können nicht von Oberaufsichtswegen durch die Ministerien aufgehoben werden. Die Zuständigkeit der letzteren in Fragen des freien administrativen Ermessens wird durch diese Bestimmung nicht berührt.

## II. Von dem Verfahren in Verwaltungsrechtssachen.

### A. Allgemeine Bestimmungen.

**Art. 16.** I Das Verfahren in Verwaltungsrechtssachen bemißt sich zunächst nach den Bestimmungen des gegenwärtigen Gesetzes.

II Soweit hiemit die in einzelnen Landesgesetzen enthaltenen besonderen Vorschriften nicht im Widerspruche stehen, kommen dieselben auch ferner in Anwendung.

III Die Staatsregierung ist ermächtigt, unter Beachtung der vorstehenden Grundsätze Vollzugsvorschriften zu dem Verfahren in Verwaltungsrechtssachen zu erlassen.

IV Nach dem Inslebentreten des Gesetzes ist der Verwaltungsgerichtshof vor Erlaß solcher Vollzugsvorschriften mit seinem Gutachten zu hören.

V Die vor jenem Zeitpunkte erlassenen Vollzugsvorschriften sind innerhalb eines Jahres, vom Eintritte desselben an gerechnet, nach vorheriger Erholung des Gutachtens des Verwaltungsgerichtshofes zu revidieren.

**Art. 17.** I Die Zuständigkeit der Behörden im einzelnen Falle ist nach den über deren Wirkungskreis jeweils bestehenden Bestimmungen zu beurteilen.

II Ist die Zuständigkeit mehrerer Behörden in einer und derselben Sache begründet, so hat die vorgesetzte Verwaltungsbehörde die etwa erforderliche Verfügung zu treffen.

**Art. 18.**[33]) I Die in den §§ 41 ff. der Zivilprozeßordnung für das Deutsche Reich enthaltenen Bestimmungen über den Ausschluß und die Ablehnung eines Richters finden auf den Ausschluß und die Ablehnung von Beamten, welche zur Mitwirkung bei der Entscheidung einer Verwaltungsrechtssache berufen sind, vorbehaltlich besonderer gesetzlicher Bestimmungen, entsprechende Anwendung, und zwar mit der Maßgabe, daß Ablehnungsgesuche, welche gegen Vorstände der Bezirksämter erhoben und von diesen selbst nicht für begründet erachtet werden, von den Kreisregierungen, Kammern des Innern, und Ablehnungsgesuche, welche gegen ein Mitglied einer Kreisregierung, Kammer des Innern, oder des Verwaltungsgerichtshofes gerichtet sind, von dem zur sachlichen Entscheidung berufenen Senat unter Zuziehung der erforderlichen Stellvertreter beschieden werden.

II Beschwerden gegen abweisende Beschlüsse werden in dem für Verwaltungsrechtssachen vorgeschriebenen Instanzenzuge entschieden.

III Wird infolge einer für begründet erachteten Ablehnung die betreffende Behörde beschlußunfähig, so hat die nächstvorgesetzte Verwaltungsbehörde das Erforderliche zu verfügen und nötigenfalls eine andere Behörde mit der Entscheidung der Sache zu beauftragen. Wird der Verwaltungsgerichtshof beschlußunfähig, so findet die Bestimmung des Art. 1 Abs. 3 Anwendung.

**Art. 19.** I Den Beteiligten und ihren gesetzlichen Stellvertretern ist gestattet, sich bei den Verhandlungen durch Bevollmächtigte vertreten zu lassen.

II Die Behörden sind jedoch befugt, das persönliche Erscheinen der Beteiligten zum Zwecke der Feststellung des Sachverhaltes anzuordnen, wenn dasselbe nach Lage der Sache als notwendig erscheint.

III Die Behörden sind ferner befugt, mehreren im gleichen Interesse Beteiligten die Bestellung eines gemeinsamen Bevollmächtigten aufzutragen und im Weigerungsfalle einen solchen von Amtswegen auf Kosten der Säumigen aufzustellen.

---

[33]) In der Fassung des Gesetzes über Änderung des Ges. v. 8. Aug. 1878, die Errichtung eines VGH. betr. usw., vom 7. März 1924 (GVBl. S. 65).

IV Der Staatsregierung bleibt vorbehalten, die Befugnis zur Übernahme einer Vertretung vor der einzelnen Instanz näher zu regeln.

**Art. 20.** I Die Feststellung des Sachverhaltes in Verwaltungsrechtssachen erfolgt von Amtswegen.

II Zeugen und Sachverständige werden eidlich vernommen.

III Bei Streitigkeiten von geringerem Werte kann jedoch [mit Zustimmung der Beteiligten][34]) von der Eidesabnahme Umgang genommen werden.

IV Der Eidesleistung wird gleichgeachtet, wenn ein Mitglied einer Religionsgesellschaft, welcher der Gebrauch gewisser Beteuerungsformeln an Stelle des Eides gesetzlich gestattet ist, eine Erklärung unter der Beteuerungsformel dieser Religionsgesellschaft abgibt.

V Sind Sachverständige für die Erstattung von Gutachten der betreffenden Art im allgemeinen beeidigt, so genügt die Berufung auf den geleisteten Eid.

VI Hinsichtlich der Verpflichtung, sich als Zeuge oder Sachverständiger vernehmen zu lassen, sowie hinsichtlich der Folgen der Weigerung, dann bezüglich der Zulässigkeit der Beeidigung kommen die Bestimmungen der Zivilprozeßordnung für das Deutsche Reich entsprechend zur Anwendung.

VII Eidliche Bestätigungen der Beteiligten zum Zwecke der Beweisführung finden nur insoferne statt, als besondere Gesetze dieselben zulassen.

**Art. 21.** I Bei Fällung der nach durchgeführtem Beweisverfahren zu erlassenden Entscheidung haben die Behörden, soweit nicht gesetzlich etwas anderes bestimmt ist, das Ergebnis der Beweisaufnahme nach freier Überzeugung zu würdigen.

II Jeder Endbescheid, sowie jeder Zwischenbescheid, gegen welchen auf Grund besonderer gesetzlicher Bestimmung selbständig Beschwerde erhoben werden kann, ist mit Entscheidungsgründen zu versehen.

III Mit jedem Endbescheid ist ein Beschluß über den Kostenpunkt nach Maßgabe der bestehenden Gesetze zu verbinden.

IV Die Entscheidungen sind den Beteiligten stets in schriftlicher Ausfertigung zuzustellen.

**Art. 22.** I Gegen die in Art. 21 Abs. 2 erwähnten Bescheide ist Beschwerde zulässig.[34a])

II Die Beschwerden sind bei der ersten Instanz schriftlich einzureichen oder zu Protokoll zu geben.

III Der Beschwerdeführer kann sich statt näherer Ausführung darauf beschränken, Entscheidung nach Lage der Sache zu beantragen. Bemängelungen des Sachverhaltes, welcher der Entscheidung zu Grunde gelegt ist, sind genau anzugeben. In gleicher Weise sind etwaige Anträge auf Ergänzung des Beweismateriales zu stellen.

IV Die Frist für Einlegung der Beschwerden beträgt, sofern nicht in einzelnen Gesetzen eine kürzere Frist bestimmt ist, vierzehn Tage.

V Die Frist beginnt mit der Zustellung des schriftlichen Bescheides, sie ist unerstrecklich.

VI Bezüglich der Berechnung des Laufes dieser, sowie sonstiger Fristen und bezüglich der Wiedereinsetzung in den vorigen Stand bei Fristversäumung kommen die Bestimmungen der Zivilprozeßordnung für das Deutsche Reich entsprechend in Anwendung.

**Art. 23.** I Die einkommenden Beschwerden sollen von der ersten Instanz

---

[34]) Gestrichen durch Art. V d. Ges. über Änderung d .Ges. v. 8. Aug. 1878, die Errichtung eines VGH. betr. usw., v. 7. März 1924 (GVBl. S. 65).

[34a]) S. Art. IX des Ges. v. 7. März 1924 (GVBl. S. 65), der lautet:

I In Verwaltungsstreitsachen ist die Beschwerde ausgeschlossen, wenn der Streitgegenstand einen Geldbetrag von 50 Goldmark*) betrifft, soferne nicht die Weiterbehandlung aus Gründen des öffentlichen Interesses geboten ist.

II Wird Beschwerde eingelegt mit der Behauptung, daß diese Voraussetzung gegeben sei, so entscheidet hierüber die Beschwerdeinstanz ohne mündliche Verhandlung endgültig.

---

*) Nun Reichsmark, VO. vom 25. November 1925 (GVBl. S. 265).

den übrigen an der Sache Beteiligten zur Kenntnisnahme und Wahrung ihrer Interessen in Abschrift mitgeteilt werden.

II Zu diesem Behufe hat, wenn eine Beschwerde schriftlich eingereicht wird, der Beschwerdeführer außer der Urschrift so viele Abschriften der Beschwerde mit einzureichen, als weitere Beteiligte oder gemeinsame Bevollmächtigte derselben (Art. 19 Abs. 3) in der Sache vorhanden sind.

III Wird die Beschwerde zu Protokoll gegeben, so hat der Beschwerdeführer die Kosten der durch die Behörde zu veranlassenden Abschriftnahme vorzuschießen.

**Art. 24.** Die Beschwerden haben, sofern nicht durch besondere gesetzliche Bestimmungen etwas anderes vorgeschrieben ist, aufschiebende Wirkung, vorbehaltlich des Rechtes der Verwaltungsbehörden, bei Gefahr auf Verzug oder bei drohendem Nachteile für Leben, Gesundheit oder Eigentum im öffentlichen Interesse vorsorgliche Anordnungen zu treffen.

**Art. 25.** I Enthält eine Beschwerde einen groben Verstoß gegen den öffentlichen Anstand, so kann der Beschwerdeführer in eine Geldstrafe bis zu 200 ℳ[34b]) verurteilt werden, welche für den Fall der Uneinbringlichkeit sofort in entsprechende Haft nach Maßgabe der Bestimmungen des Strafgesetzbuches für das Deutsche Reich umzuwandeln ist.

II Der Strafausspruch erfolgt gleichzeitig mit der Entscheidung in der Hauptsache und ist selbständig anfechtbar.

**Art. 26.** I Eine Wiederaufnahme des Verfahrens kann von derjenigen Behörde, welche den letzten, rechtskräftig gewordenen Endbescheid erlassen hat, beschlossen werden, wenn glaubhaft dargetan ist, daß eine bei den vorausgegangenen Verhandlungen nicht hinreichend bekannt gewesene Tatsache vorliegt, deren Berücksichtigung zu einem von dem früheren abweichenden Endbescheide zu führen geeignet ist.

II Gegen die hienach von den Distriktsverwaltungsbehörden oder den Kreisregierungen erlassenen Beschlüsse ist Beschwerdeführung im regelmäßigen Instanzenzuge zulässig.

B. Besondere Bestimmungen.

**Art. 27.** I Die Distriktsverwaltungsbehörden haben vor allem für richtige Ermittlung des Sachverhalts zu sorgen und zu diesem Behufe nicht bloß das von den Beteiligten gebotene, sondern auch das sonst zur Aufklärung dienende Material zu den Akten zu bringen, insbesondere aufschlußgebende Vorakten und Urkunden beizufügen, Zeugen und Sachverständige zu vernehmen und etwaige Nebenpunkte gleichzeitig mit der Hauptsache zu erheben.

II Über zweifelhaftes Beweismaterial oder wenn zur Klarstellung der Sache ein Augenschein notwendig erscheint, ist eine mündliche Verhandlung mit den Beteiligten ohne Zulassung von Schriftenwechsel zu pflegen.

III Außerdem hat vor der Beschlußfassung eine mündliche Verhandlung stattzufinden, wenn besondere Gesetze solche vorschreiben oder die Beteiligten übereinstimmend darauf antragen.

IV Zu dieser Verhandlung sind die Beteiligten oder deren Bevollmächtigte, vorbehaltlich der Bestimmung in Art. 19 Abs. 2 und unbeschadet der in einzelnen Gesetzen vorgeschriebenen besonderen Rechtsnachteile, mit dem Eröffnen zu laden, daß im Falle ihres Nichterscheinens nach Lage der Sache erkannt werden würde.

**Art. 28.** Bei den mündlichen Verhandlungen kann die Öffentlichkeit zugelassen werden, sofern nach dem Ermessen des Beamten die Wahrung der Sittlichkeit oder des öffentlichen Wohles nicht entgegensteht.

**Art. 29.** Das Ergebnis der mündlichen Verhandlungen über den Sachverhalt ist zu Protokoll zu nehmen und von den Beteiligten anerkennen zu lassen; dabei ist auszuscheiden, was von den Beteiligten als feststehend anerkannt wird und was sie bestreiten, mit Angabe von Gründen und Beweismitteln.

---

[34b]) Jetzt 1—1000 *RM* gemäß Art. II und VIII der VO. über Vermögensstrafen und Bußen v. 6. Februar 1924 (RGBl. I S. 44) und § 2 der zweiten VO. zur Durchführung des Münzgesetzes v. 12. Dez. 1924 (RGBl. I S. 775).

**Art. 30.** I Die für die Beschlußfassung der Magistrate erforderlichen vorbereitenden Verhandlungen sind, soweit tunlich, durch ein rechtskundiges Magistratsmitglied zu pflegen.

II Bei der Beschlußfassung hat, soweit tunlich, ein rechtskundiges Magistratsmitglied Vortrag zu erstatten. Dieselbe kann in Senaten erfolgen, welche mit Einschluß des Vorsitzenden aus mindestens fünf Mitgliedern zu bestehen haben.

**Art. 31.** I In denjenigen Fällen, in welchen die Kreisregierungen, Kammern des Innern, als erste Instanz zu entscheiden haben, sind die erforderlichen Vorerhebungen durch die damit zu beauftragenden Distriktsverwaltungsbehörden zu pflegen, soferne nicht durch besondere Gesetze etwas anderes bestimmt ist.

II Die Kreisregierungen, Kammern des Innern, entscheiden in Verwaltungsrechtssachen durch Senate, welche mit Einschluß des Vorsitzenden aus drei Mitgliedern bestehen.

III Die Zuständigkeit dieser Senate erstreckt sich auch auf Fragen des freien administrativen Ermessens, welche sich in den durch Art. 8 als Verwaltungsrechtssachen erklärten Angelegenheiten überhaupt ergeben.

**Art. 32.**[35]) I Stellt sich eine Beschwerde ohne weiteres als rechtlich unzulässig oder als offenbar unbegründet heraus, so kann sie ohne Vorbehandlung durch einen mit Gründen versehenen Bescheid zurückgewiesen werden. Hierüber entscheiden die Senate in geheimer Sitzung, soweit nicht reichsgesetzliche Bestimmungen entgegenstehen.

II Ebenso entscheiden die Senate in geheimer Sitzung über Ablehnung oder Ausschließung von Beamten und Sachverständigen sowie über Kostenfestsetzungen und in Bezug auf Zwangsvollstreckung.

III Beschlüsse über die in Abs. 1 bezeichneten Beschwerden werden rechtskräftig, wenn nicht binnen 14 Tagen — vom Tage der Zustellung ab gerechnet — Antrag auf mündliche Verhandlung gestellt wird. In dem Beschlusse, der auch einem etwaigen Gegner zuzustellen ist, muß auf die Befugnis zu dieser Antragstellung hingewiesen werden.

IV Wird in den Fällen des Abs. 1 von der Staatsanwaltschaft oder den Parteien mündliche Verhandlung vor der Beschlußfassung beantragt, so ist öffentliche Sitzung anzuberaumen.

V Gegen die nach Abs. 2 gefaßten Beschlüsse der Unterinstanzen kann Beschwerde zum Verwaltungsgerichtshof erhoben werden.

**Art. 33.** Außer den in Art. 32 bezeichneten Fällen erfolgen die Entscheidungen der Senate auf Grund öffentlicher und mündlicher Verhandlung.

**Art. 34.** I Vorbehaltlich besonderer gesetzlicher Vorschriften kann die Öffentlichkeit der Verhandlung durch Beschluß des Senates aus Rücksichten auf das öffentliche Wohl oder die Sittlichkeit beschränkt werden.

II Bei beschränkter Öffentlichkeit hat jeder Beteiligte die Befugnis, drei Vertrauensmänner zur Verhandlung beizuziehen.

III Der Vorsitzende kann aus der öffentlichen Sitzung jeden entfernen lassen, der Zeichen des Beifalles oder des Mißfallens gibt oder sonst Störung verursacht.

**Art. 35.** I Zu der öffentlichen Verhandlung sind die Beteiligten, unbeschadet der in einzelnen Gesetzen etwa vorgesehenen besonderen Rechtsnachteile mit dem Eröffnen zu laden, daß auch im Falle ihres Nichterscheinens Beschluß gefaßt werden würde.

II Die Sitzungen sowie die Vorbereitungen für dieselben werden von dem Präsidenten der Kreisregierung angeordnet. In gleicher Weise werden die vor Abhaltung der Sitzung etwa für notwendig erachteten Vorerhebungen und Aktenergänzungen verfügt.

---

[35]) In der Fassung des Gesetzes über Änderung des Gesetzes vom 8. August 1878, die Errichtung eines VGH. betr., etc. vom 7. März 1924 (GVBl. S. 65).

**Art. 36.** I In der öffentlichen Sitzung hat zunächst der von dem Senatsvorstande bestellte Referent über die Sachlage, jedoch ohne Stellung eines Schlußantrages, Vortrag zu erstatten. Hierauf werden die Beteiligten mit ihren Erinnerungen und Anträgen gehört, und die etwa erforderlichen Beweisaufnahmen vollzogen.

II Über den Gang und die wesentlichen Ergebnisse der Verhandlung wird durch einen vereideten Schriftführer ein Protokoll aufgenommen.

III Der Senat kann erforderlichen Falles die Vervollständigung des Beweismaterials anordnen und die Sitzung zu diesem Zwecke vertagen, oder die Aufhebung des Verfahrens wegen wesentlicher Mängel desselben von der Zeit des eingetretenen Beschwerdegrundes an aussprechen und die geeignete Sachinstruktion und Beschlußfassung verfügen.

IV Auf Grund des erhobenen Sachverhaltes und Beweismaterials ist der Senat auch zum Nachteile des Beschwerdeführers zu erkennen berechtigt.

V Die Beratung und Abstimmung über die zu fassenden Beschlüsse erfolgt, wenn tunlich, unmittelbar nach Schluß der öffentlichen Verhandlung. Die Beschlüsse sind öffentlich zu verkünden. Kann die Verkündung nicht sofort stattfinden, so hat sie an einem sogleich anzuberaumenden und bekannt zu gebenden Termine zu geschehen, welcher nur aus einem besonderen Anlasse über eine Woche hinaus verlegt werden darf.

**Art. 37.** Bezüglich der Beratung und Abstimmung im Senate der Kreisregierung kommen bei allen Entscheidungen, sowohl in geheimer Sitzung, als auf Grund öffentlicher und mündlicher Verhandlung, die Bestimmungen der §§ 194—199 des Gerichtsverfassungsgesetzes für das Deutsche Reich vom 27. Januar 1877 zur Anwendung.

**Art. 38.** Bei der Beratung und Abstimmung des Senates darf, unbeschadet der Bestimmung in § 195 Abs. 2 des Gerichtsverfassungsgesetzes für das Deutsche Reich, der zur Sitzung beigezogene Protokollführer nicht anwesend sein.

**Art. 39.** Die Entscheidungen des Verwaltungsgerichtshofes erfolgen, soweit nicht gesetzlich etwas anderes bestimmt ist, durch Senate, welche mit Einschluß des Vorsitzenden aus fünf Mitgliedern bestehen.

**Art. 40.**[35]) I Der Verwaltungsgerichtshof entscheidet auf Grund des von den Vorinstanzen erhobenen Sachverhaltes; eine Beweisaufnahme findet vor ihm in der Regel nicht statt.

II Dem Gerichtshofe bleibt jedoch unbenommen, die Vervollständigung des Beweismateriales durch die Vorinstanzen zu veranlassen, Zeugen und Sachverständige in der öffentlichen Sitzung selbst zu vernehmen, Beweiserhebungen durch einen seiner Richter nötigenfalls unter Zuziehung von Sachverständigen vornehmen zu lassen, technische Obergutachten zu erholen und Sachverständige, welche dieselben verfaßt oder bei deren Abfassung mitgewirkt haben, zur öffentlichen Sitzung beizuziehen.

III Sind auf Grund besonderer gesetzlicher Bestimmungen die Erinnerungen anderer Behörden vor der Beschlußfassung zu erholen, so hat dies nach Anordnung des Präsidenten zu erfolgen.

IV Entscheidet der Verwaltungsgerichtshof in dritter Instanz und wird die Beschwerde verworfen, so kann der Beschwerdeführer, wenn ihm Mutwille zur Last fällt, in eine Geldstrafe bis zu 200 Mark[34a]) verurteilt werden.

**Art. 41.**[35]) I Jede beim Verwaltungsgerichtshofe eingelaufene Beschwerde ist einem Referenten zuzuteilen, welcher im Benehmen mit dem Staatsanwalte unter Würdigung der in der Beschwerde etwa enthaltenen Bemängelungen zu prüfen hat, ob eine Ergänzung des Sachverhaltes oder des Beweismateriales erforderlich ist.

II Einigen sich dieselben, so ist sofort das Erforderliche durch Verweisung in die öffentliche Sitzung oder Anordnung der Ergänzung zu verfügen; außerdem hat der zuständige Senat in geheimer Sitzung über das Erfordernis einer Ergänzung zu beschließen.

III Im übrigen finden die Bestimmungen des Art. 32 Abs. 1 und 2, dann der Art. 33 bis 38 Anwendung. Vor dem Verwaltungsgerichtshofe kann auf Antrag der Parteien mit Zustimmung der Staatsanwaltschaft von einer öffentlichen und mündlichen Verhandlung Umgang genommen werden.

**Art. 42.** I Der Staatsanwalt oder sein Vertreter hat das Recht, bei jeder zur Verhandlung kommenden Sache mit seiner Äußerung gehört zu werden; ebenso vor jeder Beschlußfassung des Verwaltungsgerichtshofes, welche über die Ausschließung oder Ablehnung eines Mitgliedes des Verwaltungsgerichtshofes oder gemäß Art. 41 letztem Absatz über eine Beschwerde der in Art. 32 Abs. 1 und 2 gedachten Art erfolgt.

II Bei der Beratung und Abstimmung des Verwaltungsgerichtshofes darf der Staatsanwalt nicht anwesend sein.

III In denjenigen Fällen, welche ohne vorherige öffentliche Verhandlung zu erledigen sind, hat sich der Staatsanwalt nach der auf den Vortrag des Referenten abgegebenen Äußerung zu entfernen.

**Art. 43.** Will ein Senat in einer Rechtsfrage von einer früheren Entscheidung des Verwaltungsgerichtshofes oder eines Senates desselben abweichen, so hat er die Verhandlung und Entscheidung der Sache vor das Plenum des Verwaltungsgerichtshofes zu verweisen.

**Art. 44.** Zur Fassung einer Plenarentscheidung ist die Teilnahme von mindestens zwei Dritteilen aller Mitglieder des Verwaltungsgerichtshofes erforderlich. Bei Stimmengleichheit gibt die Stimme des Vorsitzenden den Ausschlag.

## III. Behandlung der in Art. 10 und 11 aufgeführten Angelegenheiten.

**Art. 45.** I Die Erledigung der in Art. 10 und 11 aufgeführten Angelegenheiten erfolgt bei den unteren Instanzen nach den für das Verfahren vor denselben in Verwaltungssachen jeweils bestehenden Verhältnissen.

II Die nach den genannten Artikeln zulässigen Beschwerden müssen innerhalb einer unerstrecklichen Frist von vierzehn Tagen, von Eröffnung der betreffenden Verfügung an gerechnet, bei derjenigen Behörde eingelegt werden, welche den beschwerenden Beschluß erlassen hat.

III Die Behandlung dieser Beschwerden beim Verwaltungsgerichtshofe bemißt sich nach den für das Verfahren des Verwaltungsgerichtshofes in Verwaltungsrechtssachen geltenden Bestimmungen.

IV In den Fällen des Art. 10 Ziff. 11 entscheiden die Distriktsverwaltungsbehörden in erster, die Kreisregierungen, Kammern des Innern, in zweiter Instanz.

## IV. Zwangsvollstreckungs-Verfahren.

**Art. 46.** I Die Verwaltungsbehörden sind in den im gegenwärtigen Gesetze bezeichneten Angelegenheiten berechtigt, ihre rechtskräftig gewordenen Entscheidungen im Zwangswege mit denselben Mitteln in Vollzug zu setzen, welche zum Vollzuge rechtskräftiger Urteile in bürgerlichen Rechtsstreitigkeiten gegeben sind.

II Inwieferne hiebei eine Mitwirkung der Gerichte stattzufinden hat, bemißt sich nach den besonderen gesetzlichen Bestimmungen.

III Die Zwangsvollstreckung obliegt, vorbehaltlich besonderer gesetzlicher Vorschriften, den Distriktsverwaltungsbehörden, welche sich hiebei sowohl ihrer eigenen Vollzugsorgane, als der Gerichtsvollzieher bedienen können.

IV Beschwerden gegen Verfügungen und Beschlüsse, welche die Zwangsvollstreckung betreffen, werden im verwaltungsrechtlichen Instanzenzuge beschieden.

## V. Schluß- und Übergangsbestimmungen.

**Art. 47.** Bei Abtretungen und Belastungen für Zwecke der Landesverteidigung wird die Frage des gemeinen Nutzens und der zur zweckmäßigsten Verwirklichung des Unternehmens notwendigen Eigentumsabtretung oder Belastung durch Beschluß des Gesamtministeriums entschieden.

**Art. 48.** Art. 28 des Gesetzes vom 28. Mai 1852, die Distriktsräte betreffend, erhält folgende Fassung:

Als Distriktsstraßen sollen nur jene Straßen erklärt werden, welche einen über die nachbarliche Verbindung einzelner Gemeinden erheblich hinausgehenden Verkehr zu vermitteln bestimmt oder geeignet sind.

Bei eingelegtem Widerspruche des Distriktsrates entscheidet in erster Instanz in kollegialer Beratung die Kreisregierung, Kammer des Innern, in zweiter und letzter Instanz das zuständige Staatsministerium, vorbehaltlich des Art. 10 Ziff. 10 des Gesetzes vom 8. August 1878, betreffend die Errichtung eines Verwaltungsgerichtshofes und das Verfahren in Verwaltungsrechtssachen.

**Art. 49.** I Wenn bei Angelegenheiten, welche im gegenwärtigen Gesetze behandelt sind, in ein und derselben Entscheidung einer unteren Instanz gleichzeitig Fragen erledigt werden, welche zur Zuständigkeit verschiedener Oberbehörden gehören, so sind die an die beiderseitigen Oberbehörden zu ergreifenden Beschwerden innerhalb der gesetzlichen Beschwerdefrist einzureichen.

II Ist nur ein Beteiligter in der Sache vorhanden, so hängt es von dessen Antrage ab, an welche Oberbehörde die Akten zunächst zur Entscheidung einzusenden sind. In Ermangelung eines solchen Antrages, oder wenn mehrere Beteiligte vorhanden sind, entscheidet zunächst der Verwaltungsgerichtshof.

**Art. 50.**[36])

1) Hat der Verwaltungsgerichtshof über eine Sache oder Frage unter Anerkennung seiner Zuständigkeit entschieden, so kann diese Entscheidung aus dem Grunde, daß die Behörden der Verwaltung zuständig seien, nicht mehr angefochten werden.

Wenn und soweit der Verwaltungsgerichtshof unter Ablehnung seiner Zuständigkeit in einer Sache die Zuständigkeit der Verwaltungsbehörden als gegeben erklärt hat, so können die letzteren ihre Zuständigkeit aus dem Grunde, weil der Verwaltungsgerichtshof zur Entscheidung berufen sei, nicht mehr ablehnen.

2) Nimmt der Staatsanwalt am Verwaltungsgerichtshofe wahr, daß in einer Sache oder Frage, welche zur Zuständigkeit der Verwaltungsbehörden gehört, die Entscheidung des Verwaltungsgerichtshofes angerufen wurde, so hat derselbe vor der Verhandlung der Sache bei dem Verwaltungsgerichtshofe zunächst die Erlassung einer auf die Kompetenzfrage beschränkten Vorentscheidung zu beantragen, welche in öffentlicher Sitzung unter Ladung der Beteiligten stattfindet.

Erklärt sich der Verwaltungsgerichtshof für zuständig, so hat der Staatsanwalt, falls er gleichwohl die Zuständigkeit der Verwaltungsbehörde für gegeben erachtet, sogleich dem einschlägigen Ministerium Anzeige zu erstatten, welches befugt ist, binnen zwei Wochen, von der Verkündung des Beschlusses in öffentlicher Sitzung an gerechnet, den Kompetenzkonflikt anzuregen.

3) Die Entscheidung des Kompetenzkonfliktes erfolgt bei dem Verwaltungsgerichtshofe durch einen Senat, welcher
   a) aus dem Präsidenten des Verwaltungsgerichtshofes oder seinem Stellvertreter als Vorsitzenden,
   b) aus drei Räten des Verwaltungsgerichtshofes,
   c) aus drei höheren Verwaltungsbeamten

besteht.

Die unter b und c bezeichneten Senatsmitglieder sowie die erforderliche Zahl von Stellvertretern werden auf die Dauer des von ihnen zur Zeit der Ernennung bekleideten Hauptamtes vom König ernannt.

Die bei der Vorentscheidung beteiligt gewesenen Mitglieder des Kompetenzsenates sind von der Teilnahme an der Verhandlung und Entschei-

---

[36]) In der Fassung des Art. 29 des Ges. v. 18. August 1879, die Entscheidung der Kompetenzkonflikte etc. betr. (GVBl. 1879 S. 991).

dung des genannten Senates insoweit ausgeschlossen, als noch unbeteiligte stellvertretende Mitglieder vorhanden sind.

Das Amt der Staatsanwaltschaft bei dem Kompetenzsenate wird durch den Staatsanwalt des Verwaltungsgerichtshofes ausgeübt.

4) Das Verfahren bei dem Kompetenzsenate bemißt sich nach den für das Verfahren des Verwaltungsgerichtshofes in Verwaltungsrechtssachen geltenden sowie nach den nachstehenden besonderen Bestimmungen:

Die Erklärung des einschlägigen Ministeriums, wodurch der Kompetenzkonflikt angeregt wurde, ist den Beteiligten in Abschrift mitzuteilen, dem Ministerium ist der Empfang der Erklärung zu bestätigen.

Sowohl das Ministerium als die Beteiligten können von den Akten bei dem Verwaltungsgerichtshofe Einsicht nehmen und innerhalb eines Monats Denkschriften einreichen. Die Denkschriften der Beteiligten müssen von einem Rechtsanwalte, wenn sie namens des Staatsärars eingereicht werden, von einem Fiskale unterzeichnet sein.

Die Denkschriften der Beteiligten sind den übrigen Beteiligten und dem einschlägigen Ministerium, die Denkschrift des Ministeriums den Beteiligten in Abschrift mitzuteilen.

Die Ministerien und die Beteiligten haben mit ihren Erklärungen und Denkschriften so viele Abschriften zu übergeben, als erforderlich sind, um die in Absatz 2 und 4 vorgeschriebenen Mitteilungen bewirken zu können.

Die Abstimmungen des Kompetenzsenates erfolgen in der Weise, daß zuerst der jüngste der anwesenden Räte des Verwaltungsgerichtshofes, dann der jüngste Verwaltungsbeamte seine Stimme abgibt, und in dieser Weise fortgefahren, die Stimme des Vorsitzenden aber zuletzt abgegeben wird.

Die Entscheidungen sind demjenigen Ministerium, welches den Kompetenzkonflikt angeregt hat, sowie den Beteiligten in schriftlicher Ausfertigung zuzustellen und in einem Anhange zum Gesetz- und Verordnungsblatt zu veröffentlichen.

5) Der Ausspruch des Kompetenzsenates ist sowohl für den Verwaltungsgerichtshof als für die Verwaltungsbehörden und zwar auch in dem Falle bindend, wenn derselbe die Zuständigkeit nach beiden Seiten verneint.

Lehnen demnächst auch die Gerichte ihre Zuständigkeit ab, so bleibt den Parteien, soweit nicht das Reichsgericht entschieden hat, vorbehalten, gemäß Art. 22 des Gesetzes vom 18. August 1879, die Entscheidung der Kompetenzkonflikte zwischen den Gerichten und den Verwaltungsbehörden oder dem Verwaltungsgerichtshofe betreffend, auf Entscheidung des Gerichtshofes für Kompetenzkonflikte anzutragen.

Hat der Kompetenzsenat (Ziff. 3 Abs. 1) die Verwaltungsbehörden für zuständig erklärt, so hat der Verwaltungsgerichtshof nur noch über die Verpflichtung zur Tragung derjenigen Kosten zu erkennen, welche bei demselben vor dem in Ziff. 2 Abs. 1 bezeichneten Antrage auf Erlassung einer Vorentscheidung erwachsen sind.

Das durch den Antrag auf Vorentscheidung, sowie das durch die Erhebung des Kompetenzkonfliktes veranlaßte Verfahren ist kostenfrei. Eine Erstattung der den Beteiligten hiebei erwachsenen Auslagen findet nicht statt.

**Art. 51.** I Der Tag, an welchem dieses Gesetz in Kraft tritt, wird durch ein besonderes Gesetz bestimmt.

II Vom Tage der Wirksamkeit des Gesetzes an erlöschen alle entgegenstehenden Bestimmungen.

**Art. 52.** I Gegenstände, welche vor dem Tage, an welchem dieses Gesetz in Wirksamkeit tritt, nach den bisherigen Vorschriften ihre endgiltige Erledigung gefunden haben, können, soferne nicht eine Wiederaufnahme des Verfahrens in Frage steht, nicht mehr vor den Verwaltungsgerichtshof gebracht werden. Gesuche um Wiederaufnahme des Verfahrens werden in solchen Fällen von derjenigen Behörde nach Maßgabe der Bestimmungen des gegenwärtigen Gesetzes entschieden, welche hienach zur erstinstanziellen Bescheidung in der Hauptsache zuständig wäre.

II Gegenstände, in welchen vor dem erwähnten Zeitpunkte Beschwerde an die Ministerialinstanz oder in den Fällen des Art. 9 Abs. 1 an eine Kreisregierung, Kammer des Innern, nach den bisherigen Vorschriften erhoben wurde, sind hiernach zu bescheiden. Gegen den Bescheid der Kreisregierung ist jedoch Beschwerde an den Verwaltungsgerichtshof zulässig.

**Art. 53.** Die Bestimmung des Art. 2 Abs. 1 kann nur unter den für Veränderung der Verfassung vorgeschriebenen Formen aufgehoben oder geändert werden.

---

## b) Vollzugsvorschriften zum Verwaltungsgerichtsgesetz vom 25. Januar 1901.

(GVBl. 1901 S. 41).[1])

---

Zum Vollzuge des Gesetzes vom 8. August 1878, betreffend die Errichtung eines Verwaltungsgerichtshofes und das Verfahren in Verwaltungsrechtssachen, erläßt das k. Staatsministerium des Innern im Einverständnisse mit den übrigen k. Ministerien, unter Aufhebung der Vollzugsvorschriften vom 1. September 1879 (GVBl. S. 1014 ff.), nachstehende Vorschriften:

### I. Verfahren in Verwaltungsrechtssachen.

#### A. Im Allgemeinen.

(Zu Art. 16—26 des Gesetzes.)

**§ 1.** I Das Verfahren in Verwaltungsrechtssachen bemißt sich zunächst, soweit nicht die Reichsgesetze einschlägige Bestimmungen enthalten oder die besonderen Vorschriften der einzelnen Landesgesetze ausdrücklich vorbehalten sind, nach den Vorschriften des Gesetzes vom 8. August 1878 betreffend die Errichtung eines Verwaltungsgerichtshofes und das Verfahren in Verwaltungsrechtssachen, im Zusammenhalte mit der k. Deklaration vom 15. Juni 1898 (GVBl. S. 294).

II Die in einzelnen Landesgesetzen enthaltenen besonderen Vorschriften bleiben, abgesehen von den vorerwähnten Fällen eines ausdrücklichen Vorbehaltes, nur insoweit in Kraft, als sie mit den Grundsätzen und Vorschriften des angeführten Gesetzes vom 8. August 1878 nicht in Widerspruch stehen.

III Die Vorschriften der Ministerialbekanntmachung vom [6. April 1874, die Vereinfachung des dienstlichen schriftlichen Verkehrs betreffend, (Reg.-Bl. 1874 S. 123 ff.) und der Entschließung des [k.] Staatsministeriums des Innern vom 22. April 1874 gleichen Betreffs (Amtsblatt 1874 S. 255 ff.)][1a]) finden in Verwaltungsrechtssachen unbeschadet der nachfolgenden Bestimmungen gleichmäßige Anwendung. In Ansehung der Vorschriften der angeführten Ministerialbekanntmachung vom 6. April 1874 über die Korrespondenzform ist der Verwaltungsgerichtshof dem Obersten Landesgerichte gleichzuachten.

**§ 2.** Die in Art. 17 Abs. 2 des Gesetzes für den Fall einer gleichzeitigen Zuständigkeit mehrerer Behörden vorgesehene Verfügung hat, soweit die Zuständigkeit mehrerer Distriktsverwaltungsbehörden in Frage steht, von der den letzteren gemeinsam vorgesetzten Kreisregierung, Kammer des Innern, wenn aber

---

[1]) Geändert durch VO. vom 25. Juni 1923 (GVBl. S. 233), Berichtigung hiezu (GVBl. 1923 S. 356), VO. vom 7. März 1924 (GVBl. S. 67).

[1a]) Jetzt MB. vom 28. April 1901 (GVBl. S. 379).

die beteiligten Distriktsverwaltungsbehörden verschiedenen Kreisregierungen untergeordnet sind, desgleichen wenn die Zuständigkeit mehrerer Kreisregierungen, Kammern des Innern, in derselben Sache begründet ist, von dem [k.] Staatsministerium des Innern auszugehen.

§ 3. Die gemäß Art. 18 Abs. 3 des Gesetzes von der „nächst vorgesetzten Verwaltungsbehörde" zu treffende Verfügung steht, wenn eine Distriktsverwaltungsbehörde beschlußunfähig geworden ist, der vorgesetzten Kreisregierung, Kammer des Innern, wenn aber eine Kreisregierung, Kammer des Innern, beschlußunfähig geworden, dem [k.] Staatsministerium des Innern zu.

§ 4. I Zu Bevollmächtigten und Beiständen können nur prozeßfähige Personen (§§ 51 ff. der Zivilprozeßordnung in der Fassung vom 20. Mai 1898) bestellt werden.

II Die Vertretung des [k.] Ärars richtet sich nach den hierüber bestehenden Vorschriften.

III Im übrigen kann Personen, welche, ohne Rechtsanwälte zu sein, die Vertretung oder Beistandsleistung vor Gerichten oder Verwaltungsbehörden geschäftsmäßig betreiben, die Zulassung als Vertreter oder Beistände in Verwaltungsrechtssachen versagt werden.

IV Die Bevollmächtigten haben, mit Ausnahme der k. Fiskale, die Bevollmächtigung durch eine schriftliche (auch protokollarische) Vollmacht nachzuweisen und diese zu den Akten abzugeben. Die mit der Sachbehandlung betrauten oder zur Entscheidung berufenen Behörden können, wenn sie es nach Lage der Sache für erforderlich erachten, anordnen, daß Privaturkunden durch eine öffentliche Behörde beglaubigt werden.

V Die Beigabe von Armenanwälten findet nicht statt.

§ 5. I Das Verfahren bei Abnahme des Eides richtet sich nach den Vorschriften der Zivilprozeßordnung § 391 Abs. 1, § 392, §§ 478—483.

II Sachverständige haben vor Erstattung ihres Gutachtens einen Eid dahin zu leisten:

daß sie das von ihnen geforderte Gutachten unparteiisch und nach bestem Wissen und Gewissen erstatten werden.

III Sind die Sachverständigen für die Erstattung von Gutachten der betreffenden Art im allgemeinen beeidigt, so genügt die Berufung auf den geleisteten Eid.

IV Hinsichtlich des Gebrauches gewisser Beteuerungsformeln an Stelle des Eides seitens der Mitglieder einzelner Religionsgesellschaften kommen die Bestimmungen des § 484 der Zivilprozeßordnung und des Art. 15 des Ausführungsgesetzes zur Reichszivilprozeßordnung und Konkursordnung in der Fassung vom 26. Juni 1899 entsprechend zur Anwendung.

§ 6. Bezüglich der Zustellungen wird Nachstehendes verfügt:

1. Über wichtigere Zustellungen, namentlich über Zustellungen, welche für die Adressaten Rechtsnachteile im Gefolge haben können, ist amtlicher Nachweis zu den Akten zu bringen. Solche Zustellungen sind in der Regel durch die Post mittels Zustellungsurkunde zu bewerkstelligen; ausnahmsweise können sie auch in anderer Weise, insbesondere durch Vermittlung von Gemeindebehörden erfolgen.
2. Hat ein Beteiligter einen Prozeßbevollmächtigten oder einen Zustellungsbevollmächtigten aufgestellt, so erfolgt die Zustellung an diesen.

   Bei Zustellungen an den gemeinsamen Vertreter mehrerer Beteiligten genügt die Übergabe einer einzigen Ausfertigung oder Abschrift. Einem Zustellungsbevollmächtigten mehrerer Beteiligten dagegen sind, sofern sich nicht die letzteren mit einfacher Zustellung zufrieden erklären und unbeschadet der etwa auf Grund des Art. 19 Abs. 3 des Gesetzes ergehenden Verfügung, so viele Ausfertigungen oder Abschriften zu übergeben, als Beteiligte vorhanden sind.
3. Wohnt ein Beteiligter nicht innerhalb des Amtsbezirkes derjenigen Distriktsverwaltungsbehörde, welcher in erster Instanz zuständig oder

in den Fällen des Art. 31 Abs. 1 des Gesetzes mit der Sachinstruktion betraut ist, so kann ihm, soferne nicht ein innerhalb jenes Bezirkes wohnhafter Prozeßbevollmächtigter bestellt wurde, die Aufstellung eines daselbst wohnhaften Zustellungsbevollmächtigten aufgetragen werden. Der Auftrag erfolgt unter der Warnung, daß, falls ihm nicht innerhalb der vorgesetzten Frist entsprochen würde, alle späteren Zustellungen in der Art bewirkt werden würden, daß die zuzustellenden Schriftstücke unter der Adresse des Beteiligten nach dessen Wohnort zur Post gegeben und mit der Aufgabe zur Post, selbst wenn die Sendung als unbestellbar zurückkommen sollte, als gehörig zugestellt angesehen würden. Solche Postsendungen sind mit der Bezeichnung „Einschreiben" zu versehen. Über die Aufgabe zur Post ist Nachweis zu den Akten zu bringen.

4. Die zuzustellenden Schriftstücke sind von der Verwaltungsbehörde, welche die Zustellung verfügt, in einer für die zustellenden Beamten und Bediensteten deutlich erkennbaren Weise als „Verwaltungsrechtssache" zu bezeichnen.

5. Soll die Zustellung durch die Post erfolgen, so ist das zuzustellende Schriftstück in einem mit dem Dienstsiegel der abwesenden Behörde verschlossenen Briefumschlage, welcher mit dem Namen dieser Behörde und der Adresse des Empfängers, mit der Geschäftsnummer und (gemäß Ziff. 4) der Bezeichnung „Verwaltungsrechtssache", dann mit dem Vermerke: „Hiebei ein Formular zur Zustellungsurkunde —Vereinfachte Zustellung" versehen sein muß, der Post zu übergeben. Dem Briefumschlage muß, durch Verschnürung mit diesem verbunden, das vorschriftsmäßig ausgefüllte Formular zur Zustellungsurkunde, wozu das für die vereinfachte Zustellung bestimmte (blaue) Formular zu verwenden ist, beigefügt sein.

Über die Zustellung ist von dem Postboten eine Urkunde aufzunehmen, welche den Bestimmungen des § 191 Nr. 1, 3—5, 7 der Zivilprozeßordnung entsprechen und außerdem die Übergabe des seinem Verschlusse, seiner Adresse und seiner Geschäftsnummer nach bezeichneten Briefumschlages bezeugen muß. Auf dem Briefumschlage des zugestellten Schriftstückes ist der Tag der Zustellung zu vermerken.

Die Zustellungsurkunde ist von dem Postboten der Postanstalt und von dieser der Behörde, von welcher das Ersuchen um Zustellung ausgegangen ist, zu übermitteln.

6. Im übrigen finden in Bezug auf Zustellungen die Bestimmungen der §§ 180—187, dann der §§ 199—206 der Zivilprozeßordnung entsprechende Anwendung und zwar die Bestimmung in § 204 Abs. 2 mit dem Abmaße, daß die öffentliche Ausschreibung auf einmalige Einrückung in dasjenige Blatt, welches zur Veröffentlichung der amtlichen Bekanntmachungen der ersten Instanz bestimmt ist, beschränkt werden kann und daß für die Zustellungen im Auslande die hierüber bestehenden besonderen Vorschriften zu beachten sind.

Hinsichtlich der gemäß § 182 a. O. stattfindenden Niederlegung von Schriftstücken bei dem Gemeindevorsteher oder dem Polizeivorsteher sind die Vorschriften der gemeinschaftlichen Bekanntmachung der [k.] Staatsministerien der Justiz und des Innern vom 26. Dezember 1899, die Niederlegung von Schriftstücken im Zustellungsverfahren betreffend, (Justiz-Ministerialblatt 1900 S. 110; Amtsblatt des k. Staatsministeriums des Innern 1900 S. 7) maßgebend.

Anstatt der Niederlegung auf der Gerichtsschreiberei in den Fällen des § 182 a. O. erfolgt die Niederlegung bei derjenigen Distriktsverwaltungsbehörde, in deren Bezirk der Ort der Zustellung gelegen ist.

Sind die hienach bei einer Distriktsverwaltungsbehörde oder gemäß § 182 a. O. bei einer Postanstalt niedergelegten Schriftstücke nach Ablauf von sechs Monaten seit dem Tage der Niederlegung nicht abgeholt, so sind sie an diejenige Verwaltungsbehörde zurückzusenden, von welcher der Auftrag zur Zustellung ausgegangen ist.

7. Bei Zustellungen an Militärpersonen, sowie bei deren Ladung in der Eigenschaft von Zeugen und Sachverständigen sind außer den bereits erwähnten §§ 201, 202 der Reichszivilprozeßordnung die Vorschriften des Art. 13 des Ausführungsgesetzes zur Zivilprozeßordnung und Konkursordnung, dann bei Ladung öffentlicher Beamten und Bediensteten die desfalls bestehenden besonderen Vorschriften (s. Verordnung vom 25. September 1879, GVBl. S. 1293; Ministerialbekanntmachungen vom 7. Januar 1882 und vom 31. August 1894, GVBl. 1882 S. 37, 1894 S. 547) zu beachten.

8. Zustellungen an Gefangene (Untersuchungs- und Strafgefangene, sowie in Arbeitshäusern, Erziehungs- und Besserungsanstalten untergebrachte Personen) sind durch Vermittlung derjenigen Behörde zu bewerkstelligen, welcher die Leitung des Gefängnisses, der Strafanstalt, des Arbeitshauses oder der Erziehungs- und Besserungsanstalt zusteht. Die Post darf um die Bewirkung der Zustellung in solchen Fällen nicht angegangen werden.

§ 7.[2]) I Jeder beschwerdefähigen Entscheidung ist eine Belehrung über das Beschwerderecht, die Beschwerdefrist, deren ausschließende Natur und über die Stelle, bei der die Beschwerde anzubringen ist, beizufügen; dabei ist darauf hinzuweisen, daß die Beschwerde mündlich zu Protokoll zu erklären oder schriftlich nebst der für die Zustellung an etwaige Gegner erforderlichen Anzahl von Abschriften einzureichen ist (vergl. Art. 23 Abs. 2 des Gesetzes). Bei Entscheidungen, die auf Grund des § 20 der Gewerbeordnung und des Art. 178 des Wassergesetzes im ersten Rechtszug ergangen sind, ist zugleich zu bemerken, daß die Beschwerde innerhalb der vierzehntägigen Frist auch gerechtfertigt werden muß, d. h. daß wenigstens Grund und Zweck der Beschwerde kurz angegeben werden müssen.

II In den Vorbescheiden nach Art. 32 Abs. 1 des Gesetzes ist darauf hinzuweisen, daß binnen 14 Tagen — vom Tage der Zustellung ab gerechnet — bei einer der beteiligten Instanzen Antrag auf mündliche Verhandlung schriftlich unter Beigabe der für die Zustellung an etwaige Gegner erforderlichen Anzahl von Abschriften oder zu Protokoll gestellt werden kann.

III Die Belehrungen nach Abs. 1 und 2 sind an den Schluß des Bescheides unmittelbar vor die Unterschriften zu setzen.

IV Kommt eine Beschwerdefrist bei unzutreffender Stelle oder Behörde in Einlauf, so ist die Beschwerde unverzüglich an die einschlägige richtige Instanz abzugeben.

## B. Verfahren der Distriktsverwaltungsbehörden.

(Zu Art. 27—30 des Gesetzes.)

§ 8. Bei dem Verfahren der Distriktsverwaltungsbehörden ist auf vollständige und verlässige Erhebung aller für die rechtliche Beurteilung der Sache erheblichen tatsächlichen Verhältnisse Bedacht zu nehmen. Im übrigen ist, unter Beobachtung der durch Gesetz oder sonstige Vorschriften besonders gebotenen Formen, je nach Umständen die möglichst einfache, die Beteiligten wenigst belästigende Behandlung der Sache anzustreben.

§ 9. In den in Art. 27 Abs. 2 und 3 des Gesetzes bezeichneten Fällen hat eine mündliche Verhandlung mit den Beteiligten stattzufinden. Den Distriktsverwaltungsbehörden ist jedoch unbenommen, solche nach ihrem Ermessen auch außerdem anzuordnen, wenn dies zur Aufklärung der Sache oder zur Vereinfachung des Verfahrens oder auch zur gütlichen Beilegung des Streites dienlich erscheint.

§ 10. I Das über die mündliche Verhandlung aufzunehmende Protokoll soll keine nach der Zeitfolge fortlaufende Wiedergabe der Erklärungen und Gegenerklärungen sein, sondern außer den erforderlichen Angaben über den äußeren

[2]) In der Fassung der VO. vom 7. März 1924 (GVBl. S. 67).

Verlauf der Verhandlung eine möglichst bündige Darlegung des Ergebnisses derselben enthalten. Insbesondere soll daraus ersichtlich sein, was von den Beteiligten als feststehend anerkannt ist und was sie bestreiten, nebst den desfalls vorgebrachten Gründen und Beweismitteln.

II Schriftliche Ausführungen zu Protokoll einzulegen oder Erklärungen zu Protokoll zu diktieren, ist den Beteiligten nicht zu gestatten.

III Die Zuziehung eines Protokollführers ist zulässig, aber nicht geboten.

IV Das Protokoll ist den anwesenden Beteiligten vorzulesen oder zur Durchsicht vorzulegen und sodann von denselben sowie von dem die Verhandlung leitenden Beamten und von dem etwa beigezogenen Protokollführer zu unterschreiben. Können die Beteiligten wegen Schreibensunkunde oder aus anderen Gründen nicht unterschreiben oder nur mit einem Handzeichen unterzeichnen, oder verweigern dieselben die Unterschrift, so ist dies unter Beifügung des Grundes am Schlusse des Protokolls zu bemerken.

**§ 11.** Die Zulassung der Öffentlichkeit bei der mündlichen Verhandlung ist, soweit nicht Rücksichten der Sittlichkeit oder des öffentlichen Wohles entgegenstehen, dem Ermessen der Behörde anheimgestellt. Einer desfallsigen öffentlichen Bekanntmachung bedarf es nicht.

**§ 12.** Zur Abnahme des Eides oder der Beteuerung an Eidesstatt (§ 5), sowie zur Vernehmung von Zeugen und Sachverständigen, insoweit die letzteren nicht ihr Gutachten schriftlich abgeben, ist ein Protokollführer beizuziehen. Die Vorschriften des § 10 Abs. 4 finden hiebei entsprechende Anwendung.

## C. Verfahren der Kreisregierungen, Kammern des Innern.

(Zu Art. 31—38 des Gesetzes.)

**§ 13.** I Die Bildung der Senate erfolgt im Benehmen mit dem Regierungsdirektor durch den Regierungspräsidenten. Derselbe bestimmt die ständigen Mitglieder des oder der Senate sowie deren Stellvertreter. Hiebei ist tunlichst darauf Bedacht zu nehmen, daß je nach dem Gegenstande der Verhandlung der durch die allgmeine Geschäftsordnung bezeichnete Sachreferent dem betreffenden Senate angehöre. Die Senatsbildung kann zu diesem Zwecke auch in der Weise geschehen, daß als drittes Senatsmitglied der jeweilige Sachreferent einzutreten hat.

II Ist die Bildung mehrerer Senate veranlaßt, so ist deren Geschäftskreis in der Regel nach dem Betreffe der Gegenstände auszuscheiden. Ausnahmsweise kann bezüglich einzelner Gattungen von Streitsachen die Verteilung nach Verwaltungsbezirken erfolgen.

III Die mehreren Senate führen die Bezeichnung: „erster Senat", „zweiter Senat" usw.

IV Mit der Bildung der Senate erfolgt zugleich die Bezeichnung der Senatsvorstände und ihre Stellvertreter. Hiebei ist der Rang, bei gleichem Range das Dienstalter, bei gleichem Dienstalter das Lebensalter der Senatsmitglieder entsprechend zu beachten.

V Die Bestellung der Referenten für die einzelnen Gegenstände aus der Mitte der dem betreffenden Senate zugehörigen Mitglieder steht gemäß Art. 36 Abs. 1 des Gesetzes dem Senatsvorstande zu. Es empfiehlt sich, hiebei auf die allgemeine Geschäftsverteilung tunlich Rücksicht zu nehmen. Der Senatsvorstand kann auch sich selbst als Referenten bezeichnen.

**§ 14.** Gemäß Art. 31 Abs. 3 des Gesetzes erstreckt sich die Zuständigkeit der Senate auch auf Fragen des freien administrativen Ermessens, welche sich in den durch Art. 8 als Verwaltungsrechtssachen erklärten (streitigen) Angelegenheiten überhaupt, sei es im Zusammenhange mit Rechtsfragen oder für sich allein, ergeben. Das Verfahren in diesen Fällen ist das nämliche, wie solches für Verwaltungsrechtssachen vorgeschrieben ist.

**§ 15.** In den Fällen des Art. 31 Abs. 1 des Gesetzes ist den betreffenden Distriktsverwaltungsbehörden, soweit nicht besondere gesetzliche Bestimmungen entgegenstehen, unbenommen, die erforderlichen Vorerhebungen hinsichtlich der bei ihnen anhängig gewordenen Angelegenheiten sofort ohne vorausgegangenen Auftrag zu pflegen und die hierüber erwachsenen Akten der Kreisregierung, Kammer des Innern, zur weiteren Verfügung vorzulegen.

§ 16. I Anträge und Beschwerden, welche sich zur Verhandlung vor dem Senate eignen, gelangen in den Einlauf der Kreisregierung, Kammer des Innern, und unterliegen derselben geschäftsmäßigen Behandlung, wie andere Regierungseinläufe. Dieselben sind jedoch dem Vorstande des betreffenden Senates zur Bestellung des Referenten und sodann diesem zur weiteren Behandlung vorzulegen.

II Prozeßleitende Verfügungen jeder Art, insbesondere die etwa vor der öffentlichen Verhandlung nötig befundenen Anordnungen behufs Ergänzung der Akten und Erholung technischer Gutachten, desgleichen die zum Vollzuge von Entscheidungen oder von Zwischenbescheiden der Senate erforderlichen Verfügungen, werden von der Kreisregierung, Kammer des Innern, im Bureauwege erlassen und von dem Regierungspräsidenten unterfertigt. Die Entwürfe solcher Verfügungen sind von dem Referenten vor deren Vorlage an den Präsidenten dem Senatsvorstande zur Einsicht und Mitzeichnung oder etwaigen Erinnerung mitzuteilen.

§ 17. I Ist eine Sache zur mündlichen Verhandlung vor dem Senate der Kreisregierung bereift, so ist auf Vorschlag des Referenten und des Senatsvorstandes Tag und Stunde der öffentlichen Verhandlung anzuberaumen und die schriftliche Vorladung der Beteiligten sowie der Zeugen und Sachverständigen unter Hinweisung auf die Folgen des Nichterscheinens zu betätigen.

II Die Ladungsurkunden sind den Beteiligten sowie den Zeugen und Sachverständigen nach Maßgabe des § 6, und zwar in der Regel mit Umgehung der Vermittlung der Bezirksämter, gegen Nachweis zuzustellen.

III Die Kreisregierungen haben sich hiebei tunlichst gedruckter Formulare nach Anlage B—K zu bedienen. [Anlage B—K.][2a])

§ 18. I Bei den mündlich-öffentlichen Verhandlungen (Art. 33 des Gesetzes) tragen die Mitglieder des Senates das in der Bekanntmachung des [k.] Staatsministeriums des Innern vom 10. Mai 1876 (Amtsblatt des genannten [k.] Staatsministeriums S. 219 ff.) vorgeschriebene Interimsdienstkleid (Überrock mit schwarzem Beinkleid, ohne Degen).

II Der Protokollführer erscheint in schwarzer Kleidung mit Frack.

III Rechtsanwälte und Rechtspraktikanten tragen, wenn sie als Vertreter oder Beistände von Beteiligten in Sitzungen der Kreisregierungen auftreten, schwarze Kleidung mit Frack.

§ 19. I Die Senatssitzungen sind regelmäßig an im Voraus ein für allemal zu bestimmenden und öffentlich bekannt zu gebenden Tagen der Woche oder des Monats abzuhalten, unbeschadet der Anberaumung außerordentlicher Sitzungen, wenn dies die Umstände erheischen.

II Die jeweilige Tagesordnung ist durch Anschlag vor dem Sitzungssaale rechtzeitig zu veröffentlichen. Fällt an einem ordentlichen Sitzungstage die Sitzung aus, so ist dies gleichfalls durch Anschlag bekannt zu machen. [Anlage L.][2a])

III Den Senatsmitgliedern ist ein Exemplar der Tagesordnung zuzustellen und die Einsichtnahme der Akten vor der Verhandlung zu gestatten.

§ 20. I Die mündliche Verhandlung der Senate ist regelmäßig öffentlich (Art. 33 des Gesetzes.).

II Über die Beschränkung der Öffentlichkeit (Art. 34 Abs. 1 und 2) wird in nicht öffentlicher Sitzung verhandelt. Der Beschluß, welcher die Öffentlichkeit beschränkt, muß öffentlich verkündet werden.

§ 21. Der Vorsitzende leitet die Verhandlung. Derselbe hat jedem der beisitzenden Mitglieder des Senates auf Verlangen zu gestatten, Fragen an die Beteiligten sowie an die Zeugen und Sachverständigen zu stellen. Auch die Beteiligten und deren Vertreter dürfen durch den Vorsitzenden oder mit Bewilligung des letzteren unmittelbar an die Zeugen und Sachverständigen Fragen

---

[2a]) Die Formulare s. GVBl. 1901 S. 57 ff.

richten. Zweifel über die Zulässigkeit einer Frage, desgleichen sonstige Anstände, welche sich in Ansehung der auf die Sachleitung bezüglichen Anordnungen des Vorsitzenden ergeben, entscheidet der Senat.

§ 22. An der Beschlußfassung auf eine mündliche Verhandlung dürfen nur solche Senatsmitglieder teilnehmen, vor welchen jene Verhandlung stattgefunden hat.

§ 23.[3]) I Die Entscheidungen der Senate sollen enthalten:

1. die Bezeichnung der entscheidenden Stelle (Kreisregierung, Kammer des Innern) und des Senates sowie den Tag der Verhandlung,
2. die Entscheidungsformel,
3. die Entscheidungsgründe mit einer gedrängten Darstellung des Sach- und Streitgegenstandes (Tatbestandes),
4. die Bezeichnung der Senatsmitglieder und den Tag der Verkündigung der Entscheidung.

II Die Bezugnahme auf die Entscheidungsgründe der Vorinstanz ist nicht ausgeschlossen.

III Die Bescheide sind in Urschrift von den Senatsmitgliedern, welche bei der Beschlußfassung mitgewirkt haben, zu unterzeichnen.

§ 24. I Die Verkündung der Bescheide erfolgt durch Verlesung der Entscheidungsformel.

II Wird die Verkündung der Entscheidungsgründe für angemessen erachtet, so erfolgt sie durch Verlesung der Gründe oder durch mündliche Mitteilung des wesentlichen Inhalts.

III Die Ausfertigungen sind von der Kreisregierung, Kammer des Innern, zu erteilen.

§ 25.[4]) I Über den Gang und die wesentlichen Ergebnisse der Verhandlung ist unter der Leitung des Vorsitzenden durch einen vereideten Schriftführer ein Protokoll aufzunehmen (Art. 36 Abs. 2 des Gesetzes).

II Dasselbe hat insbesondere zu enthalten:

1. den Ort und den Tag der Verhandlung,
2. die Namen des Senatsvorstandes und der übrigen Senatsmitglieder, dann des Schriftführers,
3. den Betreff der Verhandlung,
4. die Namen der erschienenen Beteiligten, gesetzlichen Vertreter, Bevollmächtigten und Beistände,
5. die Angabe, ob öffentlich oder bei beschränkter Öffentlichkeit verhandelt, dann letzteren Falles, ob und welche Vertrauensmänner von den Beteiligten beigezogen worden sind,
6. die Bezeichnung des Referenten,
7. die Anerkenntnisse, Verzichtleistungen und Vergleiche, durch welche der geltend gemachte Anspruch ganz oder teilweise erledigt wurde,
8. die Anträge der Beteiligten,
9. die Aussagen der Zeugen und Sachverständigen oder, wenn dieselben schon früher abgehört worden waren, die Angabe, ob und in wie ferne sie von ihren früheren Aussagen abgewichen; die Feststellung der Aussagen der Zeugen und Sachverständigen kann unterbleiben, wenn der hierauf zu erlassende Endbescheid der Beschwerde nicht unterliegt; in diesem Falle ist in dem Protokolle nur zu bemerken, daß die Vernehmung stattgefunden habe,
10. die Entscheidungsformel,
11. die Verkündigung der Entscheidung.

---

[3]) In der Fassung der VO. vom 7. März 1924 (GVBl. S. 67).
[4]) In der Fassung der VO. vom 7. März 1924 (GVBl. S. 67).

III Das Protokoll ist von dem Senatsvorstande und dem Schriftführer zu unterzeichnen.

§ 26. Die bei der Kreisregierung beschäftigten Accessisten und Praktikanten können zu den mündlichen Verhandlungen sowie zu den Beratungen der Senate beigezogen und als Schriftführer verwendet werden.

§ 27.[4]) Die Ausfertigung der Endbescheide und Vorbescheide sind den Beteiligten unmittelbar zuzustellen und zwar regelmäßig durch die Post gemäß § 6 Ziff. 5 dieser Vorschriften. Die Unterinstanzen erhalten bei Rückgabe der Vorverhandlungen Ausfertigungen für ihre Akten.

## D. Verfahren des Verwaltungsgerichtshofes.

(Zu Art. 39—44 des Gesetzes.)

§ 28. I Dem Präsidenten des Verwaltungsgerichtshofes liegt die Leitung und Beaufsichtigung des gesamten Geschäftsganges des Gerichtshofes (mit Ausschluß der Staatsanwaltschaft) ob. Derselbe läßt die unter der Adresse des Gerichtshofes eingehenden Sendungen öffnen und mit dem Tage des Einlaufes versehen.

II Vorbehaltlich der nachfolgenden besonderen Bestimmungen verteilt der Präsident die Geschäfte, zeichnet die Verfügungen usw. und bestimmt die Sitzungstage.

III Er verfügt in den den Verwaltungsgerichtshof als solchen betreffenden Angelegenheiten sowie in allen Verwaltungsangelegenheiten, insbesondere in denjenigen, welche das Regie- und Etatswesen, die nötigen Anschaffungen für die Bibliothek, die Erhaltung der Geschäftsräume u. dgl. betreffen, und erläßt die bezüglich des Geschäftsganges und der Geschäftskontrolle, insbesondere der Tagebuchführung, des Kanzlei-, Registratur- und Botendienstes, der Abhaltung der Sitzungen usw., erforderlichen äußeren Anordnungen. Hiebei kann sich der Präsident der Mitwirkung der Direktoren sowie der übrigen Mitglieder des Verwaltungsgerichtshofes bedienen. Wichtigere Angelegenheiten sind der Beratung und Beschlußfassung des Kollegiums (Plenums) zu unterstellen.

IV Für die Erhaltung des übernommenen Inventars ist der Präsident verantwortlich.

§ 29.[4]) I Der Verwaltungsgerichtshof entscheidet in Verwaltungsrechtssachen in Senaten von fünf Mitgliedern; in den Fällen des Art. 43 des Gesetzes entscheidet er in der Vollversammlung.

II Prozeßleitende Verfügungen werden, unbeschadet der Vorschriften des Art. 41 Abs. 1 und 2 des Gesetzes (§ 33 Abs. 2 der gegenwärtigen Vollzugsvorschriften), namens des Verwaltungsgerichtshofes im Bureauwege durch den Präsidenten erlassen. Die Entwürfe solcher Verfügungen sind von dem Referenten vor deren Vorlage an den Präsidenten dem Senatsvorstande zur Einsicht und Mitzeichnung oder etwaigen Erinnerung vorzulegen.

§ 30. I Die Bildung der Senate einschließlich der Aufstellung der regelmäßigen Stellvertreter geschieht nach Maßgabe des Art. 6 des Gesetzes durch den Präsidenten unter Zuziehung der Direktoren und des ältesten Rates (Präsidium) und zwar alljährlich vor Beginn eines neuen Kalenderjahres und auf die Dauer des letzteren.

II Ergibt sich im Laufe eines Jahres durch einen Wechsel im Personal des Verwaltungsgerichtshofes oder durch länger andauernde Verhinderung einzelner Mitglieder die Notwendigkeit einer Änderung der Senatseinteilung, so erfolgt erstere in gleicher Weise, wie die regelmäßige Senatsbildung.

III Mit der Senatsbildung bestimmt das Präsidium zugleich die Senatsvorstände und deren Stellvertreter, wobei der Rang, bei gleichem Range das Dienstalter, bei gleichem Dienstalter das Lebensalter der Senatsmitglieder maßgebend ist.

§ 31. I Gleichzeitig mit der Bildung der Senate verteilt das Präsidium die Geschäfte unter die Senate, unbeschadet der etwa im Laufe des Jahres in Folge von Geschäftsüberbürdung oder aus anderen Ursachen notwendig werdenden Änderungen. Die Verteilung der Geschäfte erfolgt in der Regel nach Gattungen; ausnahmsweise kann dieselbe hinsichtlich einzelner Gattungen von Streitsachen nach Verwaltungsbezirken geschehen.

II Die Bestellung der Referenten für die einzelnen Verwaltungsrechtssachen aus der Mitte der dem Senate zugehörigen Mitglieder steht gemäß Art. 36 Abs. 1 und Art. 41 Abs. 3 des Gesetzes dem Senatsvorstande zu. Derselbe kann auch sich als Referenten bezeichnen.

§ 32. Die Beiziehung von Mitgliedern des Obersten Landesgerichtes zur vorübergehenden Dienstleistung am Verwaltungsgerichtshofe wird im gegenseitigen Benehmen der Präsidenten des Verwaltungsgerichtshofes und des Obersten Landesgerichtes herbeigeführt. Dieselben haben hierüber in jedem einzelnen Fall den vorgesetzten [k.] Staatsministerien und zwar der Präsident des Verwaltungsgerichtshofes dem [k.] Staatsministerium des Innern, der Präsident des Obersten Landesgerichtes dem [k.] Staatsministerium der Justiz Anzeige zu erstatten.

§ 33. I Einkommende Beschwerden sind dem Vorstande des betreffenden Senates zur Ernennung des Referenten und sodann diesem zur weiteren Behandlung vorzulegen.

II Nach Prüfung der Akten hat der Referent dieselben dem Staatsanwalt zur Einsicht mitzuteilen, sich mit demselben auf kürzestem Wege über die etwa vor der Verhandlung nötigen Ergänzungen zu benehmen und im Falle beiderseitigen Einverständnisses im Benehmen mit dem Senatsvorstande bei dem Präsidenten die Anberaumung der mündlichen Verhandlung und die Ladung der Beteiligten usw. oder die Anordnung der erforderlichen Ergänzungen zu veranlassen; — andernfalls aber wenn sich Referent und Staatsanwalt über die nötig erscheinenden Ergänzungen nicht einigen können, Beschlußfassung in geheimer Sitzung zu beantragen.

§ 34.[4]) I Bei Entscheidungen der Senate ist neben der Benennung der entscheidenden Stelle (des Verwaltungsgerichtshofes) auch der Senat, welcher die Entscheidung erläßt, zu bezeichnen; besonders zu erwähnen ist, wenn auf Antrag der Parteien mit Zustimmung der Staatsanwaltschaft von einer öffentlichen und mündlichen Verhandlung Umgang genommen wurde (Art. 41 Abs. 3 Satz 2) und wenn eine Entscheidung von der Vollversammlung ausgeht.

II Die Entscheidungen der Senate und des Plenums sind in der Urschrift von sämtlichen Mitgliedern, welche bei der Entscheidung mitgewirkt haben, zu unterzeichnen. Die übrigen Erlasse, Berichte usw. des Verwaltungsgerichtshofes werden von dem Präsidenten unterfertigt, welcher auch die Ausfertigungen der Entscheidungen namens des Verwaltungsgerichtshofes erteilt.

III In den Entscheidungen sowie in dem über die Verhandlung aufzunehmenden Protokolle (§§ 23, 25, 35) ist auch der Name des bei der Verhandlung anwesenden Staatsanwaltes zu erwähnen.

§ 35.[4]) I Im übrigen finden die Bestimmungen des § 13 Abs. 3, §§ 17 — 22, § 23 Abs. 1 und 2, § 24 Abs. 1 und 2, §§ 25, 27 auf den Verwaltungsgerichtshof entsprechende Anwendung.

II Den Sekretären des Verwaltungsgerichtshofes ist es gestattet, bei den öffentlich-mündlichen Verhandlungen das ihrem Range entsprechende Interimsdienstkleid (§ 18 Abs. 1) zu tragen.

§ 36.[5]) I Dem Staatsanwalt ist von jeder Verfügung, durch welche eine öffentlich-mündliche Verhandlung anberaumt wird, Kenntnis zu geben; auch ist demselben ein Exemplar der jeweiligen Tagesordnung (§ 19 Abs. 2) zuzustellen.

II Zu geheimen Sitzungen, welche zur Beschlußfassung über die Ausschließung oder Ablehnung eines Mitgliedes des Verwaltungsgerichtshofes oder über eine Beschwerde der in Art. 32 Abs. 1 und 2 des Gesetzes bezeichneten

---

[5]) In der Fassung der VO. vom 25. Juni 1923 (GVBl. S. 233).

Art oder in den Fällen des Art. 41 Abs. 2 des Gesetzes stattfinden, ist der Staatsanwalt gleichfalls einzuladen.

**§ 37.**[5]) I Der Staatsanwalt hat das Recht, den in § 36 Abs. 1 und 2 bezeichneten Verhandlungen anzuwohnen. Ihm ist auf Verlangen im Laufe der Verhandlung, jedenfalls aber vor ihrem Abschluße, das Wort zu gewähren.

II Hat der Staatsanwalt gemäß Art. 29 Ziff. 2 des Gesetzes vom 18. August 1879, die Entscheidung der Kompetenzkonflikte zwischen den Gerichten und den Verwaltungsbehörden oder dem Verwaltungsgerichtshofe betreffend, die Erlassung einer auf die Kompetenzfrage beschränkten Vorentscheidung beantragt, so hat er bei der Verhandlung hierbei zunächst den gestellten Antrag zu begründen; sodann sind die Beteiligten mit ihren Erinnerungen und Anträgen zu hören.

III Das gemäß § 21 und § 35 den beisitzenden Mitgliedern des Senates zustehende Recht der Fragestellung gebührt, soweit letztere bei Verhandlungen vor dem Verwaltungsgerichtshofe Platz greift, auch dem Staatsanwalt.

IV § 18 Abs. 1 findet auf den Staatsanwalt Anwendung.

**§ 38.** Der Staatsanwalt darf sich bei allen Verhandlungen durch seine Nebenbeamten vertreten lassen; die letzteren sind, wenn sie für ihn auftreten, zu allen Amtsverrichtungen desselben ohne den Nachweis eines besonderen Auftrages berechtigt. Ein Wechsel in der Person des Staatsanwalts bei Verhandlungen in einer und derselben Sache ist nicht ausgeschlossen, aber tunlichst zu vermeiden.

**§ 39.** Die prinzipiell wichtigeren Entscheidungen des Verwaltungsgerichtshofes werden zeitweise nach den vom [k.] Staatsministerium des Innern hierüber getroffenen besonderen Anordnungen durch Druck in der „Sammlung von Entscheidungen des Königlich bayerischen Verwaltungsgerichtshofes“ veröffentlicht.

**§ 40.** Am Schlusse des Jahres hat der Verwaltungsgerichtshof dem [k.] Staatsministerium des Innern eine Übersicht der erledigten sowie der noch unerledigten Geschäfte einzureichen.

## II. Verfahren in den Fällen des Art. 7 Abs. 2 ff. des Gesetzes.

**§ 41.**[6]) I In den in Art. 7 Abs. 2 ff. des Gesetzes bezeichneten Fällen haben die Beteiligten ihren Schriftsätzen so viele Abschriften beizufügen, als zur Mitteilung an die Gegenbeteiligten erforderlich sind.

II In den Fällen des Art. 7 Abs. 2 Satz 1 ist der Beamte vor der Verhandlung zu hören; in den Fällen des Art. 7 Abs. 2 Satz 2 ist er zur Feststellung des Sachverhalts, wenn tunlich, einzuvernehmen; in allen Fällen ist die dem Beamten vorgesetzte Dienstesstelle zu hören.

III Wird der Entschädigungsanspruch auf ein gemeinsames dienstliches Verschulden mehrerer Beamten gegründet, so gilt jeder von diesen im Vorentscheidungsverfahren nach Art. 7 Abs. 2 ff. als selbständig streitbeteiligt.

IV Die Entscheidung des Verwaltungsgerichtshofes ist in allen Fällen der in Ziff. 2 bezeichneten Dienstesstelle in beglaubigter Abschrift mitzuteilen.

## III. Verfahren in den in Art. 10 und 11 des Gesetzes aufgeführten Angelegenheiten.

(Zu Art. 45 des Gesetzes.)

**§ 42.**[6]) I Die Erledigung der in Art. 10 und 11 des Gesetzes aufgeführten Angelegenheiten erfolgt gemäß Art. 45 bei der unteren Instanz und bei der Mittelinstanz nach den für das Verfahren vor denselben in Verwaltungssachen jeweils bestehenden Vorschriften.

II Bezüglich der zum Verwaltungsgerichtshofe erhobenen Beschwerden bemißt sich das weitere Verfahren nach den bezüglichen allgemeinen und besonderen Bestimmungen des II. Abschnittes des Gesetzes im Zusammenhalte mit der K. Deklaration vom 15. Juni 1898 (GVBl. S. 294).

III Die Bestimmungen des § 7 finden entsprechende Anwendung.

---

[6]) In der Fassung der VO. vom 7. März 1924 (GVBl. S. 67).

### IV. Zwangsvollstreckungsverfahren.

(Zu Art. 46 des Gesetzes.)

**§ 43.** I Die Zwangsvollstreckung obliegt gemäß Art. 46 des Gesetzes, soweit nicht besondere gesetzliche Bestimmungen bestehen, den Distriktsverwaltungsbehörden.

II Zuständig ist diejenige Distriktsverwaltungsbehörde, welche in erster Instanz entschieden hat, oder, falls die erstinstanzielle Entscheidung von der Kreisregierung, Kammer des Innern, ausgegangen ist, diejenige Distriktsverwaltungsbehörde, welche gemäß Art. 31 Abs. 1 des Gesetzes und § 15 der gegenwärtigen Vollzugsvorschriften die Instruktion der Sache vorgenommen hat.

### V. Sonstige Bestimmungen.

**§ 44.** Wenn in einer Angelegenheit gegen die Entscheidung einer unteren Instanz zugleich an die höhere Verwaltungsbehörde und an den Verwaltungsgerichtshof Beschwerde erhoben wurde, so hat diejenige Oberbehörde, welche nach Maßgabe des Art. 49 des Gesetzes zunächst zur Entscheidung berufen ist, nach Erlassung der letzteren und Eröffnung derselben an die Beteiligten die Akten an die außerdem angerufene Oberbehörde zur weiteren Behandlung abzugeben. Hat jedoch in einem der in Art. 9 Abs. I des Gesetzes bezeichneten Fälle in der Ermessensfrage zunächst die Kreisregierung, Kammer des Innern, entschieden, und ist gegen deren Entscheidung die Berufung an das betreffende Ministerium zulässig, so hat die Abgabe der Akten an den Verwaltungsgerichtshof erst dann zu erfolgen, wenn die etwa eingekommene Berufung von dem zuständigen Ministerium beschieden oder die Berufungsfrist verstrichen ist, ohne daß die Berufung an das Ministerium erhoben worden wäre.

**§ 45.** Als Vertreter oder Beiständer der Beteiligten bei den Verhandlungen der Kompetenzsenate des Verwaltungsgerichtshofes (Art. 29 Ziff. 3 und 4 des Gesetzes vom 18. August 1879, die Entscheidung der Kompetenzkonflikte zwischen den Gerichten und den Verwaltungsbehörden oder dem Verwaltungsgerichtshofe betreffend) sind nur Rechtsanwälte sowie die [k.] Fiskale zuzulassen.

---

## c) Gesetz über das Verwaltungsstreitverfahren vom 13. Juni 1910.

(GVBl. S. 287.)

---

**Art. 1.** Für Streitigkeiten, die durch Reichsgesetz dem Verwaltungsstreitverfahren überwiesen sind, kann durch Verordnung

1. die Zuständigkeit der unteren Instanzen geregelt und
2. bestimmt werden, ob sich das Verfahren nach Art. 16—44 oder nach Art. 45 des Gesetzes über den Verwaltungsgerichtshof vom 8. August 1878 bemißt.

**Art. 2.** Die Befugnis nach Art. 1 besteht nicht, soweit die Regelung durch besondere Gesetze getroffen ist.

Kolibri 360 GmbH
Ferdinand-Jühlke-Straße 7
99095 Erfurt, Deutschland
produktsicherheit@kolibri360.de